"幼儿园音乐教育" 教师指导系列丛书

2011年浙江省教育厅科研项目成果

歌唱教育活动

王秀萍　周儿　编著

苏州大学出版社
Soochow University Press

图书在版编目（CIP）数据

歌唱教育活动/王秀萍，周儿编著.--苏州：苏州大学出版社 2015.4（2025.1重印）
ISBN 978-7-5672-1112-4

Ⅰ.①歌… Ⅱ.①王… ②周… Ⅲ.①音乐课—学前教育—教学参考资料 Ⅳ.①G613.5

中国版本图书馆CIP数据核字（2015）第072940号

书　　名：	歌唱教育活动
主　　编：	王秀萍　周　儿
责任编辑：	孙腊梅　洪少华
装帧设计：	吴　钰
出 版 人：	张建初
出版发行：	苏州大学出版社（Soochow University Press）
社　　址：	苏州市十梓街1号　邮编：215006
印　　刷：	广东虎彩云印刷有限公司
邮购热线：	0512-67480030
销售热线：	0512-65225020
开　　本：	185×260　1/16　印张：11.50　字数：235千
版　　次：	2015年4月第1版
印　　次：	2025年1月第4次印刷
书　　号：	ISBN 978-7-5672-1112-4
定　　价：	35.00元

凡购本社图书发现印装错误，请与本社联系调换。
服务热线：0512-67481020

目 录

第一部分 导 言 ……………………………………………………（001）

一、音乐作品的幼儿化转换原理 ………………………………（001）

二、教学过程由生活经验走向音乐经验的经验组织原理 ………（005）

三、遵循由感受到表现的艺术心理过程的教学环节组织原理
…………………………………………………………………（007）

四、"探究、操作、游戏"是幼儿学习方式的教学原则 …………（011）

五、互动中实现幼儿主动学习的教学原则 ………………………（013）

第二部分 幼儿园歌唱教育活动的设计与组织 ………………（015）

一、歌唱教育活动的设计 …………………………………………（015）

二、歌唱教育活动的组织 …………………………………………（022）

第三部分 幼儿园歌唱教育活动设计实例 ……………………（025）

一、小班歌唱教学活动设计实例 …………………………………（025）

  活动一 部位歌 ……………………………………………（025）

  活动二 合拢放开 …………………………………………（027）

  活动三 饼干歌 ……………………………………………（030）

  活动四 公共汽车 …………………………………………（033）

  活动五 大灰熊 …………………………………………………（035）

  活动六 两只小鸟 ………………………………………………（040）

  活动七 小老鼠上灯台 …………………………………………（044）

  活动八 挠痒痒 …………………………………………………（047）

  活动九 两只小象 ………………………………………………（050）

  活动十 小猫叫咪咪咪 …………………………………………（054）

  活动十一 我爱我的小动物 ………………………………………（057）

  活动十二 小黑猪 …………………………………………………（060）

  活动十三 藏起来 …………………………………………………（062）

  活动十四 泡泡不见了 ……………………………………………（066）

二、中班歌唱教学活动设计实例 ………………………………………………（070）

  活动一 我是猫 …………………………………………………（070）

  活动二 五只小青蛙 ……………………………………………（075）

  活动三 小树叶 …………………………………………………（080）

  活动四 三只猴子 ………………………………………………（084）

  活动五 不再麻烦妈妈 …………………………………………（087）

  活动六 鸡和蛋 …………………………………………………（091）

  活动七 小鱼的梦 ………………………………………………（094）

  活动八 理发师 …………………………………………………（097）

  活动九 我爱你 …………………………………………………（100）

  活动十 布娃娃 …………………………………………………（102）

  活动十一 好吃的蔬菜色拉 ………………………………………（105）

  活动十二 影 子 …………………………………………………（109）

  活动十三 猪小弟变干净了 ………………………………………（111）

  活动十四 小小音乐家 ……………………………………………（114）

  活动十五 我和我的小狗 …………………………………………（118）

三、大班歌唱教学活动设计实例 …………………………… (121)

    活动一　Bim Bam ………………………………………… (121)

    活动二　小花猫找妈妈 …………………………………… (124)

    活动三　戏说脸谱 ………………………………………… (126)

    活动四　都睡着了 ………………………………………… (129)

    活动五　吹泡泡 …………………………………………… (134)

    活动六　狮子抓痒 ………………………………………… (136)

    活动七　三个和尚 ………………………………………… (140)

    活动八　八只小狗抬花轿 ………………………………… (143)

    活动九　猫和老鼠 ………………………………………… (147)

    活动十　小雨点跳舞 ……………………………………… (152)

    活动十一　卖土豆 ………………………………………… (156)

    活动十二　胆小鬼 ………………………………………… (159)

    活动十三　新猴子学样 …………………………………… (162)

    活动十四　捏面人 ………………………………………… (165)

    活动十五　小皮球 ………………………………………… (169)

    活动十六　小小建筑师 …………………………………… (171)

附　录 ………………………………………………………………… (175)

第一部分 导 言

在"幼儿园音乐教育"教师指导丛书中的所有教育活动方案都是在教育教学原理或原则指导下进行设计与实施的,了解这些教育教学原理或原则有益于更好地理解与实施丛书中的音乐教育活动方案。与本丛书直接相关的教育教学原理或原则为:

1. 音乐作品的幼儿化转换原理。
2. 教学过程由生活经验走向音乐经验的经验组织原理。
3. 遵循由感受到表现的艺术心理过程的教学环节组织原理。
4. "探究、操作、游戏"是幼儿学习方式的教学原则。
5. 互动中实现幼儿主动学习的教学原则。

一、音乐作品的幼儿化转换原理

音乐作品中包含了我们要传达给孩子的音乐知识,但是,用听觉接收的音响性的音乐作品不在幼儿的生活经验范围内,不被幼儿接受,教师需要把这种听的音乐转换成幼儿能看的音乐。

$$听的音乐 \xrightarrow{转换} 看的音乐$$

(一)音乐作品幼儿化转换的思路

1. 为抽象的音乐符号寻找具象的参照物

艺术符号的抽象程度是由其参照特性决定的,参照性越强的艺术符号越容易被理解。所有艺术符号种类中,音乐最抽象,因为通过音响所呈现的音乐符号很难在现实世界中找到参照物。一岁左右的儿童开始熟练地说出大量的名词,这些名词对他们来说一点也不抽象,因为有鲜活的参照物,即名词所表达的意义都是日常生活中的物、人、事。对一岁左右儿童而言,小狗、小猫、娃娃这些语言符号不是符号,而是真实的与他们玩耍的小狗、小猫、娃娃,孩子因为喜欢小狗、小猫、娃娃等这些参照物而学会了代表这些参照物的符号。同为绘画作品,写实主义作品最容易为人接受,而抽象画最令人头疼。例如,一张美女图这种写实作品,人们因为具有鉴别美女的生活经验而很容易看懂它。当人们接受这张美女图并愿意花时间欣赏时,就可以进入线、形、色彩、光线等美术符号的学习,学习过程也变得比较容易。抽象画直接进入美术符号,令普通人不喜欢的原因就在于缺少参照物这一中介。音乐比直接出现美术符号的抽象画还要抽象,幼儿很难直接喜欢。想让幼儿喜欢音乐就得让音乐具有参照物。所以,音乐作品幼儿化转换的第一条思路就是明确要为抽象的音乐符号寻找具象的参照物。

2. 音乐参照物的特性

(1) 音乐参照物的根本特性

语音符号和写实画中的美术符号与参照物之间的关系是一一对应的关系,例如 Xiao Gou、Xiao Mao、Xiao Bai Tu 这些语音符号对应的参照物是鲜活的小狗、小猫、小白兔,美女画、水果画对应的参照物是美女、水果。这种一一对应的关系,就是符号与参照物之间的确定性、唯一性关系。音乐作品中除出现明确的鸟叫声、雷鸣声等这些音效外,一般而言,音乐符号是没有明确参照物的,参照物是我们刻意挖掘出来的。音乐符号与参照物之间连确定性都没有,更别提唯一性了,同一个音乐作品不同的欣赏者可以挖掘出不同的参照物。另外,由于音乐是时间艺术,再短的音乐作品也有几十秒钟时间,音乐符号的时间流动性决定了它所具有的参照物不是静态的一个人或物,而是由多个人或物构成的事件。因此,音乐参照物的根本特性是事件性。

(2) 事件性参照物的构成

一个事件必然是由人、物、情节等元素构成的,这样音乐符号参照物事件性与故事性或情节性是同义的。所以,音乐参照物的第一构成元素是具有人物角色或情节发展的故事。音乐符号是以音响的方式呈现的,它需要我们留出耳朵去听。这要求与音乐符号同时出现的参照物形式是无声的,而有声的语言描述的故事只能在音乐音响之前或之后出现。而且,音乐符号的时间性是按句子、段落这些有序的组织手法有结构地展开的,这些结构的建立又以稳定的拍子为基石。除音乐外,舞蹈也是具有时间性的艺术符号,在学前儿童音乐教育领域,我们称之为身体动作表演。所以,音乐参照物的第二构成元素是与音乐符号一样具有时间性的身体动作表演。

综上所述,音乐符号的事件性参照物是由故事和身体动作构成,故事的功能是交代音乐所表达的内容——事件,身体动作的功能是交代音乐符号最主要的形式元素——拍子与结构。

(二)音乐作品幼儿化转换的具体方式

音乐作品幼儿化转换的实质是给音乐作品找参照物,而参照物是由故事与身体动作两个基本元素构成,最好的形式是用身体动作把故事"讲"下来。用身体动作把故事"讲"下来,势必涉及语言、视觉、运动觉等符号,因为故事得先用语言符号讲下来,在用语言符号讲故事时得用直观教具图片、视频等视觉符号辅助,最后在音乐中用身体动作把故事表演下来。这样一个语言、视觉、运动觉三种符号都参与的转换方式,是我们追求的。但是,在实际操作过程中,针对每一个音乐作品,并不是所有语言、视觉、运动觉三种符号都能用上的,只出现其中一种或两种转换符号也是正常的。

(三)音乐作品幼儿化转换的原则

目前,幼儿园所用的音乐作品与小学、中学没什么大的区别,绝大多数都是成人作品,真正为幼儿"定做"的器乐作品很少,优秀的幼儿歌曲也不多。如果把幼儿音乐作品以作曲家专门以幼儿为对象而创作的音乐作品来界定,那么幼儿园音乐教育将极度缺少教育资源。

所谓的幼儿音乐作品,就是幼儿化转换成功的音乐作品。所以,音乐作品的转换原则是指向转换对象幼儿的。幼儿在音乐学习中的趣味、爱好是什么?幼儿在接触音乐作品时他们的口味指向哪里?回答这些问题的答案就是我们为幼儿进行音乐作品转换的原则。由于幼儿的音乐学习兴趣是指故事与身体动作,所以音乐作品的转换原则是指故事性、动作性以及两者的关系。

1. 故事转换不能独立存在

按审美学说形式主义流派的说法,音乐是绝对没有内容性的,音乐的内容即形式。按照这种理论学说,除了有音乐天赋的孩子,普通的孩子就与音乐无缘了。因为只让孩子接触纯形式的音乐作品,或者在让孩子接触音乐作品时不做一些内容性的挖掘,那么孩子们一定会远离音乐活动,远离音乐教师。他们当然还不能够用理由充足的语言来表达他们的不喜欢与抗议,但他们一定会用成人所没有的武器——没有克制力的行为来抗议。不在他们兴趣与能力范围内的任何教学活动,他们会用不理你、直接走人或疯狂地吵闹等本能手段来回应你。孩子是有"思想"、有"主见"的。

所以,"音乐即形式"的主张在孩子们面前失去光辉。为了迎合孩子的口味,我们不仅需要寻找有内容性的音乐作品,而且还要让没有内容性的音乐作品变出内容性来。音乐作品中最受幼儿欢迎的内容是故事,如果一个音乐作品"讲"的是一个幼儿生活经验范围内的故事,那么这个音乐作品就"神"了,它是最高级别的音乐作品。对幼儿来说,好音乐作品的标准绝对不是贝多芬、莫扎特,而是有故事、好玩。问题在于不是所有的音乐作品都能挖掘出故事内容的,如果没有故事我们也能退而求其次,寻找音乐作品中的角色形象,例如《野蜂飞舞》抓住蜂的形象,《雏鸡的舞蹈》抓住小鸡的形象,《七步进阶曲》创设一个蚊子的形象等。多数音乐作品的内容是靠我们去挖掘、创设的。

音乐作品幼儿化转换离不开内容或故事,但故事性转换是有规限的,即故事、角色形象等内容的创设是为身体动作的表演服务的。在音乐作品的转换过程中,故事性不能独立存在,它是依附于动作性的。

2. 动作性转换即音乐标准

对孩子来说,音乐即运动。运动既可以成为音乐作品的参照物也是音乐作品与参照物之间的纽带。音乐作品的内容性参照物缺乏与音乐作品的直接对应性,而动作性则具备与音乐对接的得天独厚的条件。当幼儿的身体运动与音乐吻合程度加强时,身体运动的音乐性也就被相应地彰显。

音乐作品动作性转换的规限条件是音乐性,指身体给出的所有动作与音乐作品的节拍、节奏型、句子、段落、速度、力度、风格等因素相一致。动作性因其带着音乐性或具有音乐标准,所以,在音乐作品的转换过程中可以脱离内容性而独立存在。

3. 音乐作品幼儿化转换形式越丰富幼儿越喜欢

就故事与动作两种转换形式而言,只有动作的转换缺少故事对幼儿的吸引力不大,只有故事的转换而缺少动作会因为没有音乐标准而无效。从故事性与动作性的丰富程度而言,情境氛围浓厚、故事情节有趣、道具图片丰富,图谱与动作齐发,这些手段都能极大地激发幼儿的音乐学习兴趣。但是,这些媒介的符号都必须准确地翻译着音乐符号。

4.音乐作品幼儿化转换最后应停留在动作上

假如一个音乐作品的转换既有故事又有身体动作表演,那么故事只是导出层面的转换,最终要幼儿掌握的是在音乐中用身体动作表演这个故事。假如一个音乐作品的转换是用图谱方式,那么不能呈现图谱以后就算一个作品的转换工作结束了,也必须由图谱再走向动作。可以让幼儿在音乐中徒手画图谱,这也是一种配合音乐做动作的方式;还可以让幼儿根据图谱演奏打击乐器(打击乐演奏是一种带器械的动作)。对一个音乐作品的转换而言,虽然说是转换形式越丰富效果越好,但这是有条件的,即转换方式必须适宜、准确;当转换方式不适宜、不准确时,结果会走向反面。

二、教学过程由生活经验走向音乐经验的经验组织原理

音乐经验不是"不食人间烟火"的一种神秘的东西,它来自生活经验,是对生活经验的提炼。对幼儿来说,音乐教育活动的过程就是从生活经验走向音乐经验的过程。

(一)幼儿的核心音乐经验

音乐经验是指对节拍、节奏、音色、速度、力度、旋律、结构、风格等音乐要素做出操作性的反应。核心音乐经验是指在音乐发展过程中必须获得的经验,这些经验在音乐经验系统或结构中起节点和支撑作用,有利于所有音乐经验的建构、迁移以及对音乐知识的深层理解。

幼儿的核心音乐经验可以分为两类三项:

节奏 { 1. 合拍做动作
2. 合音乐结构做动作

旋律——3. 有旋律轮廓线地歌唱

幼儿的核心音乐经验主要有节奏经验与旋律经验两类。节奏经验包含两项:合拍做动作、合音乐结构做动作;旋律经验包含一项:有旋律轮廓线地歌唱。

1. 合拍做动作

合拍能力是音乐能力的基石。合拍的要旨不只是有拍子,而是拍子一如既往地稳定。如果一首歌曲有 16 拍构成,合拍做动作不是指做了 16 下动作,而是指这 16 下动作自始至终能稳定发出。

在教学过程中,引导幼儿合拍不是靠语言指令而是靠教师准确的示范。单独通过语言很难让幼儿理解合拍,幼儿感受与掌握合拍主要是在大量动作模仿活动中完成的,所以,教师在动作表演中的稳定拍感是幼儿获得拍感的必要条件。乐感是陶冶出来的,就幼儿园集体音乐教学而言,教师准确示范是音乐陶冶的最好注解。

2. 合音乐结构做动作

理解音乐结构是理解音乐的途径。当明白音乐作品由几段构成,每段又有几句构成时,无论听赏还是表演这一音乐作品就会觉得很轻松、享受。当清楚音乐结构时,幼儿合拍做动作就会有更深入的形象与内容表现。幼儿对音乐形象的捕捉往往比较单一,问题就在于对句子、段落的变化不敏感,往往把注意力只集中于合拍地做一种动作上。例如,欣赏《水族馆》时,孩子们会表现出极大的音乐形象创作激情,认为是水母在游动,是小鱼儿尾巴在打转等。但是,孩子们一旦认定一种形象,如水母,就会从头到尾沉浸于水母一种形象的合拍动作中,不能顾及随着音乐段落的变化音乐形象也在变化等音乐结构的变化特征。所以,合音乐结构做动作是对合拍做动作这一关键音乐经验的推进,旨在在合拍基础上表现出合句子、合段落等更丰富、细腻的音乐特征,真正达到合音乐表现的目标。

3. 有旋律轮廓线地歌唱

旋律经验通俗地说就是准确歌唱的能力,能准确歌唱就是建立了音准概念。测查一个人是否建立音准概念,可以采用以下四个步骤:

步骤一:耳朵辨认出音的高低;

步骤二:能准确模唱;

步骤三:唱准音程;

步骤四:能移调歌唱音阶。

这四个测查步骤就是音准概念建立的四个标识,任何人建立音准概念都会经历这四个标识性的阶段。

就笔者对浙江师范大学学前教育本科毕业生的测查结果来看,每届本科毕业生音准概念建立人数在5%～10%之间。音乐经验是熏陶出来的,教师拥有某种音乐经验幼儿才有可能有,教师没有幼儿肯定没有。我国幼儿园教师普遍不具有音准概念,在这种现实条件下,把"准确歌唱"作为我国幼儿的关键音乐经验是毫无意义的。所以,我们把旋律关键经验定位于"有旋律轮廓线地歌唱"。

"有旋律轮廓线地歌唱"指达到音准概念建立四步骤中的前两个步骤,这时,演唱者已经意识到音是有高低的,也能用听觉意识到音的空间位置,但还不能通过自己的嗓音准确地表达出音的空间位置。就幼儿来说,已经能够唱出歌曲句子中旋律轮廓线的高低走向,但仔细倾听他们所唱之音还不能达到准确的标准。

(二)由生活经验走向音乐经验的教学推进过程

幼儿园音乐教育活动的过程是一个由生活经验走向音乐经验的过程。

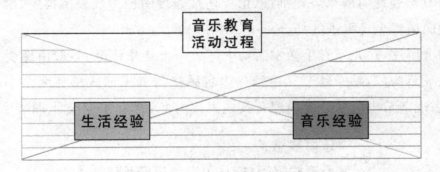

上图表示:一个音乐作品的教学活动的开始完全处于幼儿生活经验的范围内,随着教学活动过程的推进,生活经验逐渐减少音乐经验逐渐渗透,当一个音乐作品的教学进入尾声时,音乐经验占据所有空间。

三、遵循由感受到表现的艺术心理过程的教学环节组织原理

幼儿园音乐教育活动的环节推进遵循"感受—表现"的艺术心理过程,所以,音乐教育活动的大环节就是由感受与表现两环节构成。艺术感受作为一种心理活动,它是人通过感官感触、感知、接受艺术事件并产生艺术表象的一系列心理活动。就方向而言,艺术感受是由外向内的心理过程;就本质而言,艺术感受以情感为核心。艺术表现作为一种心理活动,它是基于艺术感受的,

是把对外部世界的感受通过自身的独特方式表达出来。就方向而言,艺术表现是由里向外的心理过程;就本质而言,艺术表现的核心是目的性,所有的艺术表现受艺术标准制约,没有艺术标准指向性的表现就不能称之为艺术表现。

　　幼儿音乐学习的过程是由生活经验提炼至音乐经验的过程。所以,就幼儿而言,感受环节本身需要分为音乐内容与音乐形式两个小环节。音乐内容感受环节即把音乐作品处理成落入幼儿生活经验范围内的内容,无论是歌曲还是器乐曲,所有音乐作品都需要进行幼儿化转换,而转换的结果之一就是使音乐作品有幼儿能看懂、听懂的内容情境。音乐形式感受环节则是音乐作品的音响出现的环节,是把第一小环节中让幼儿感受的音乐内容形象与音乐形式进行顺理成章匹配的过程。对幼儿来说,学习音乐的过程就是身体运动的过程,幼儿的音乐学习离不开身体动作。所以,幼儿园音乐教学中的表现环节也呈现出幼儿的特征,表现环节又由节奏表现与其他表现两个小环节构成。无论是歌曲还是器乐曲,无论是演唱还是打击乐演奏,幼儿的音乐表现往往呈现出由节奏表现向旋律表现推进、由模仿性表现向创造性表现推进、由身体动作表现向演奏表现推进的趋势。

　　综上所述,幼儿园音乐教学活动中完成一个音乐作品,一般由感受与表现两个大环节构成,感受环节又由音乐内容感受与音乐形式感受两个小环节构成,而表现环节也包含节奏表现与其他表现两个层次。具体如下图表示:

感受 { 音乐内容感受
　　　音乐形式感受(抓住关键音乐经验)

表现 { 节奏表现(抓住关键节奏经验)
　　　其他表现(嗓音表现、即兴动作表现、打击乐表现)

幼儿园音乐教育活动的基本环节

(一)环节一:感受

感受环节按前后顺序经历两个阶段:音乐内容感受阶段与音乐形式感受阶段。

1. 音乐内容感受阶段

在音乐内容感受阶段,教师给出一个音乐作品的故事性情境或角色或情节等生活经验层面的内容,这是幼儿进入音乐形式感受的前提,没有音乐作品的内容导引,幼儿很难真正进入一个音乐作品学习活动中。

2. 音乐形式感受阶段

想在幼儿园音乐教学过程中让幼儿获得音乐经验,那么音乐形式感受阶段是教学的核心部分,它是音乐知识内核所在。每一音乐作品都由音乐八大元素构成,同时每一首音乐作品往往会在几个音乐元素上凸显其特点。凸显每一音乐作品特殊性的这几个音乐元素就是教师特别需要幼儿感受到的音乐特征。如果某一音乐作品并没有凸显出来的音乐元素特征,那么就抓合拍做动作、合音乐结构做动作这两个关键节奏经验。事实上,关键节奏经验在任何一个音乐活动中都是教师要抓的核心经验。

幼儿对每一个音乐作品音乐特征的感受,主要通过教师的身体动作表演、图谱等媒介。教师的准确示范在这里至关重要,在集体教学情境下,音乐艺术需要熏陶的全部含义也集中在教师的准确示范上。

在音乐特征感受阶段,最突出的一个特点是操作与探究,即在音乐特征的感觉、知觉、表象等全部的心理阶段,幼儿主要是在主动的身体动作探究与表演中进行的。在这一阶段,幼儿会表现出丰富的身体动作表达能力(动作表达并非音乐表现),但是,幼儿本能层面上用身体动作表达出来的音乐形象往往是不合音乐的,教师的指导作用主要体现在把这些本能动作推向合拍、合音乐结构的轨道上。

(二)环节二:表现

表现环节一般经历两个阶段:节奏表现阶段与其他表现阶段。

1. 节奏表现阶段

音乐表现是一种意向性活动,即一种有目的指向的一种表达。就幼儿园音乐教学中的幼儿音乐表现而言,它是一种意向性的表演活动,即以身体动作、歌唱、打击乐演奏为表演方式,以音乐元素指标与元素所表现的情绪情感特征为表演目的指向的一种活动。当幼儿能完整、主动地随音乐做动作时,就由感受阶段走向了表现阶段。幼儿对音乐的理解与表演往往依赖身体动作,所以,即使是最终走向歌唱的歌曲,幼儿也需要先用身体动作表现这一歌曲,然后再走向歌唱。

如果一个音乐作品中比较有特点的音乐元素较多、这些特征又是幼儿已有经验中没有的,那么就这一音乐作品而言,幼儿需要经历模仿性表现阶段、需要把感受到的音乐元素特征用表演的方式表现出来。音乐元素特征感受阶段与模仿性表现阶段都是处于表演或操作状态的,但两者是有区别的。首先,表现阶段的表演是一个作品或一个大段落的完整表演;而感受阶段的表演往往是分句或小段落的表演。其次,表现阶段的表演是幼儿依赖自己头脑中表象完成的表演,即主动表演;而感受阶段的表演则是在教师或他人示范的情境下进行的,表演是在榜样的带动下展开的。

2. 其他表现阶段

(1) 演唱(嗓音表现)阶段

如果是一首歌唱作品,当合乐的身体动作表演完成后,就进入嗓音表现阶段。这一阶段往往是歌唱教学活动的第二课时,其关注的关键音乐经验是有旋律轮廓线地歌唱。这一阶段会有一些音的高低、嗓音如何表达情感等教学内容,是真正意义上让幼儿关注音乐形式本身的教学时间段。对没有建立音准概念的教师,我们不鼓励进入这一阶段的教学。

(2) 演奏(打击乐表现)阶段

如果是一首打击乐演奏作品,当合乐的身体动作表演完成后,进入打击乐表现阶段。这一阶段往往是打击乐教学活动的第二课时,是把身体动作对音乐的表达迁移到演奏打击乐这一表演形式中。这一阶段教学的主旨是通过探究,让幼儿自己寻找每种打击乐器与音乐形象的匹配以及原有的身体动作表演与每种打击乐器的节奏型匹配。

(3) 动作即兴(创造性表现)阶段

在幼儿具有一定的模仿性表现经验积累,或者音乐作品的音乐元素特征比较单一时,幼儿很容易进入即兴表现(创造性表现)阶段。

即兴表现可以分三种:第一种,经历模仿性表现后改变表演方式重新表现。例如,针对一首音乐作品,幼儿已经能够做身体动作的模仿性表现,这时,教师请幼儿根据身体动作感受到的音乐元素特征,用打击乐演奏的方式表演出来。第二种,经历身体动作的模仿性表现后,重给一首音乐作品内容情境,根据新的内容情境创编新的身体表演动作。第三种,直接给幼儿一首音乐作品,教师对音乐作品的音乐元素特征只使用语言或图片媒介进行提醒,请幼儿完成符合音乐元素特征的表演。

集体课堂情境的幼儿园音乐教学比较适宜以音乐作品为单位展开教学活动,以上的二环节、四阶段也是指一首音乐作品的学习过程,这个过程可以是一个课时、三个课时,但通常是两个课时。每首音乐作品的教学一定要让幼儿经历感受与表现两个大环节,但不是非完成全部四个阶段不可,有的作品只走前三个阶段,有的作品会跳过节奏表现直接进入其他表现。总之,两个大环节是不可避免的,而具体的阶段会根据作品的特性而做出一定的调整。

四、"探究、操作、游戏"是幼儿学习方式的教学原则

经验的幼儿园音乐教学是追求结果的,它的结果就是关键音乐经验。他们希望通过音乐教学收获到幼儿合乐表演、有旋律轮廓线地演唱这些音乐经验。但同时,有经验的幼儿园音乐教学更追求过程,既然强调让幼儿获得经验,那一定是具有"儿童中心"倾向的。强调音乐教学的过程就是强调幼儿的探究、操作、游戏的过程,强调教学即活动。

(一)探 究

探究是围绕"问题"展开的,这种"问题"用英语表达是"problem",不是"question"。只是让幼儿回答一个"question"不是探究,教师设置情境、提出问题,引导幼儿去完成一个"problem",就成为探究。

歌唱教学中,教师通过提问、启发等方式,引导幼儿把所有歌词内容都用自己的动作表达出来,这个过程就是"探究",我们称之为歌唱教学中的动作探究。在歌唱教学的第二课时,有的歌曲适合歌词创编,这种重新为歌曲配上歌词的过程,就是歌唱教学中的歌词探究。这种在教学中足够形成一个"问题"(problem)从而引发幼儿探究的教学内容,我们称之为"探究空间"。换言之,幼儿园音乐教学中的"探究空间"就是指教学中能够引发探究的这个"问题"(problem)。当教师引导幼儿探究时,应该先考量清楚让幼儿探究的问题是什么,怎么才算解决了问题。

欣赏教学的探究空间包括:第一,当音乐内容形象出现后,请幼儿用动作把这些音乐内容形象表达出来;第二,用动作表现简单的音乐形象时,请幼儿通过丰富身体动作的表现力来丰富音乐形象;第三,当幼儿已经掌握了一种音乐形象的身体动作表现方式后,请幼儿用身体动作创编出另一种音乐形象。

打击乐教学的探究空间包括:第一,根据身体动作所表达的音乐形象,为

这些音乐形象匹配合适的打击乐器;第二,根据身体动作所表达的音乐形象,为这些音乐形象匹配合适的演奏节奏型。

集体舞与音乐游戏的探究空间包括:第一,某一段音乐的完全即兴动作表现;第二,某一段音乐的动作替代。

在幼儿园音乐教学中,幼儿的探究活动基本上是非音乐的,并处于幼儿生活经验层面,集中于动作与语言的探究,在这些探究活动过程中如果教师缺乏把动作、语言经验提升至音乐经验的关键性引导与推动,探究就会落入低经验重复。

(二)操作(表演)

音乐与操作(表演)的关系完全是同一的,没有操作就没有音乐学习,没有操作就没有音乐经验。这就是为什么韵律活动在幼儿园音乐教学内容板块中不再单独出现,它的消失不是因为它不重要而是因为它太重要,重要到无所不在,重要到音乐教学即韵律活动。我们把幼儿园音乐教学内容板块分为:歌唱、欣赏、打击乐、集体舞、音乐游戏五类,这五类都属于韵律活动范畴,即都是通过身体动作的操作(表演)来进行音乐学习的。

无论是感受还是表现阶段,幼儿的音乐学习离不开身体动作操作(表演),音乐学习往往是由身体动作操作走向演唱与演奏的过程。但是,如何通过互动的方式,使幼儿的操作变得具有思维性、主动性,而不是被动接受,这是幼儿园音乐教学的操作过程中教师随时需要思考的。

(三)游 戏

这里的游戏是指在音乐活动过程中加入传统、生活游戏,使得音乐学习具有游戏的趣味。这种游戏可能加在内容感受环节,也可能加在音乐感受与表现环节,形式与内容不拘。游戏的加入,使得音乐教学内容的可玩性得到提升,幼儿的学习主动性也就得到发挥。

就活动设计层面来说,游戏的加入有时会出现牵强现象,有为加游戏而加游戏之嫌,游戏方式与音乐教学内容之间缺少契合与匹配度;就教学过程层面来说,针对所加入的游戏,有时教师会采用死教游戏动作与规则的教学方式,这样,游戏所具有的可玩性功能消失,加剧了死教的程度。

五、互动中实现幼儿主动学习的教学原则

在幼儿园集体音乐课堂,高质量的师幼、幼幼互动几乎可以与幼儿主动学习画等号,幼儿主动学习是由高质量的师幼、幼幼互动孵出来的,互动越少、死教越猖獗离幼儿主动学习越远。

师幼、幼幼互动有数量,是指在一个音乐教学活动中,教师有意识地使用促进幼儿主动学习的一些互动契机,包括(1)抛任务之时,教师的提问与追问契机;(2)幼儿接任务之时,教师引导幼儿展开任务难度讨论与分析的契机;(3)任务完成后,教师引导幼儿同伴评价与反思的契机。每个集体音乐教学活动都由几个教学任务构成,每个教学从任务抛出到完成的过程都包含三个互动机会,这些互动机会教师到底能利用几次?这是一个量的指标。就互动而言,数量也是非常重要的,没有互动的一个集体音乐活动,很难出现幼儿的主动学习。当然,只是追求互动的数量是远远不够的。高质的师幼、幼幼互动,是指教师对互动策略的娴熟运用,核心是自如抛问题给孩子、自如接孩子抛过来的问题、作为二传手自如传递与孩子之间的问题,从而达到提升孩子思维的目标。幼儿的学习方式主要是探究、操作、游戏等,而真正实现这些有利于幼儿获得经验的学习方式的途径就是互动,没有互动的探究很容易落入假探究,没有互动的操作与游戏很容易演化为死教动作、死教游戏规则的状况,所以,常态的音乐教学过程是一个师幼、幼幼互动的过程。不过,始终能触动、提升幼儿思维的高质量互动是教师教学专业性的最高体现,它属于情境知识,依赖教师的实践智慧。

第二部分　幼儿园歌唱教育活动的设计与组织

一、歌唱教育活动的设计

歌唱教育活动设计是依据歌唱关键经验,选择歌曲、处理歌曲、选择教学方式,对幼儿施加教育影响的方案;也是对影响歌唱教育活动的主要因素,如歌唱教育活动目标、教育内容、教育方法、教师与幼儿以及环境媒介等进行合理而系统的组合以及处理的过程。

(一)活动材料的设计

歌唱教育活动的材料包括歌曲、动作、视觉媒介、情境道具等。把活动材料的设计置于活动目标与过程设计之前,理由在于活动材料设计的本质是对音乐作品进行幼儿化表征的过程。歌唱教育活动的材料设计包括四方面内容:歌曲选择、歌曲的动作设计、歌词内容的视觉媒介设计、歌词内容的情境道具设计。

1.歌曲的选择

(1)歌曲性质的选择

最能引发幼儿歌唱兴趣的歌曲一般具备以下两个条件:故事性与动作性。故事性的歌曲是指歌词具备角色、情境、情节等故事要素中一个及以上要素的歌曲。这样的歌曲,幼儿很容易以故事的讲述与扮演或身临教师设置的情境为切入口来理解音乐的内容与形式,符合教学内容生活化的教学原则。动作性的歌曲往往是中速或速度稍快的歌曲。这种速度的歌曲,当歌词内容配上动作以后很容易合拍,便于幼儿产生韵律感,从而引发审美情趣。选择幼儿园歌唱教学用的歌曲,至少应该符合故事性与动作性中的一项,同时具备故事性与动作性两项特点的歌曲尤佳。

(2)歌曲旋律难易的选择

在一般情况下,幼儿的歌唱音域在一个八度左右,音程跨度控制在五度以内。但是,根据歌唱教学指向的关键经验的不同,对歌曲旋律难易程度的选择可以有所侧重。

①指向旋律关键经验

如果歌唱教学的目标主要指向旋律关键经验,那么歌曲音域需要控制在八度以内、音程跨度控制在五度以内。如果目标指向准确歌唱,那么需要专门选择一些二音、三音歌曲供幼儿练习二度、三度音程。

②指向节奏关键经验

如果歌唱教学的目标主要指向节奏关键经验,那么歌曲旋律的难易程度无须特别在意,需要在意的是歌曲的性质,即更多地考量歌曲适合角色情境表演、动作表演的程度等问题。

2.歌曲的动作设计

在幼儿园音乐教学层面,即便是歌唱教学,关键经验的重心也还是在节奏关键经验。鉴于此,在教学方案设计时,教师必须对所有的歌曲预设一到二套歌曲的动作,以便在课堂中指导与提升幼儿即兴创编的动作。幼儿园歌唱教学中的歌曲创编具有以下几个原则。

(1)动作构成重复

动作构成重复是指在一个乐句中出现的动作一定需要重复。这一原则的理由在于动作是幼儿理解歌词与进行歌唱的支架,支架必须要比教学内容简单才能完成支架的功能,只有重复的动作才是简单的,才能落入幼儿歌唱学习的最近发展区。一个乐句中的动作必须重复,其实质就是规定一个乐句最好只编一个动作,至多编两个动作。如果一个乐句多于两个动作,那么一定会有动作构不成重复。例如,"三只猴子在床上跳"这句歌词,创编动作时容易被歌词中的"三只""猴子""在床上跳"这些词组的意象牵着鼻子走,所以会做三个动作:伸三个手指头、模仿猴子、跳,结果会使这一句的动作繁复、难度陡增,脱离幼儿的最近发展区。

(2)动作形成拍点

歌唱教学中的节奏关键经验是合拍做动作,没有拍点的动作不能实现这一目标,另一方面没有拍点的动作会使动作显得繁复、没有结构,也不利于幼儿的学习。在创编动作时,如果碰到鸟飞、树叶落下、风儿吹等动作,尽可能回避没拍点的上下、左右摇摆的动作,而是做一拍一拍能停顿的动作。

(3)动作形成备选

教师为歌曲预设动作的目的不在于把这套动作教给幼儿,而在于引导幼儿创编时更具专业眼光,从而具备提升幼儿动作的能力。瑞吉欧①的教师相信教师有1000种想法才能接纳幼儿的1001种想法,我们非常认同这种观点。教师头脑中只有一种想法的教学是非常危险的,教师会千方百计地引导幼儿走向她设计的这一种想法中去。当教师为歌曲预设的动作有备选时,一方面标志着教师对歌曲的熟悉程度,另一方面教师能在课堂中理解与提升幼儿的创编思路,发现幼儿所创编的动作的亮点与不足,从而给出到位的指点。

3.歌唱教学的视觉媒介设计

(1)图　片

单纯用语言呈现的歌词很难引发幼儿的共鸣,通过直观的图片激发幼儿对歌词内容产生兴趣是非常有效的手段。然而,图片设计的核心是图片本身吸引幼儿,没有吸引力的图片不具备激发幼儿兴趣与思维的功能。歌唱教学中呈现的图片一般分两类:全镜头的与分镜头的。全镜头图片是指用一张图片描述一段或一首歌曲的内容。分镜头图片是指一句歌词用一张图片,多张图片构成对一首歌曲内容的解释。

(2)视　频

视频在铺垫、激活、唤醒幼儿生活经验方面具有得天独厚的优势。例如,学习有关"理发师""按摩师""建筑师""油漆匠"等社会角色的歌曲时,如果能提供幼儿一段一分钟左右的视频,对视频中社会角色的衣着、工作环境、工作性质等根据歌曲学习内容的需要进行相应的描述与讨论,那么幼儿进入相应的歌曲学习就比较自然、容易,当然学习的兴趣也会大增。

视频设计的关键是简洁、主题突出。无论是教师自己拍摄的还是用视频材料剪辑的,如何让视频内容完全针对歌曲教学内容,这是教师需要考量的。

---

① 意大利的一种学前教育理念。

4.歌唱教育活动的情境道具设计

幼儿的形象思维特点决定了情境道具设计在幼儿园歌唱教学中的重要地位。幼儿年龄越小对情境与道具的需求越高,所以,小小班、小班的歌唱教学几乎离不开情境设置与道具的辅助,中、大班对情境与道具的需求有所减弱,但仍然需要。幼儿园歌唱教学的情境设置涵盖了道具的设计,下面介绍幼儿园歌唱教学中的几种情境设置。

(1)游戏情境设置

歌唱教学中的游戏情境设置是指针对歌曲内容专门设计出与歌曲内容直接相关的一种游戏情境。例如,《小老鼠上灯台》的歌唱活动,在活动的最后一个环节,教师设置模拟的灯台情境,请配班老师扮演老猫,小朋友扮演小老鼠。游戏玩法:小老鼠们钻过山洞、走过小桥来到了灯台旁边,然后边唱歌曲边做动作靠近灯台,当歌曲结束时老猫一声大叫,小老鼠们赶紧逃回家。

(2)生活情境设置

有关劳动、洗漱、睡觉等生活活动的歌曲用生活情境设置方式是最能让幼儿身临其境了。例如,《洗澡》的歌唱活动,活动的整个过程是洗澡情境的设置:先拿出浴球洗身体的各个部位,再放好浴球跳到大浴盆里边玩水边洗澡,最后做睡觉的准备工作。

(3)故事情境设置

故事情境设置与故事角色扮演很类似,主要区别在于故事情境设置比故事角色扮演需要更多的情境与道具支撑。例如,《挠痒痒》的歌唱活动,在活动的开始教师头戴树的头饰、身穿绿色连衣裙,扮演一棵大树,而幼儿则每人一只毛毛虫的指偶,扮演毛毛虫。这种道具提供充分并真实的角色扮演情境,令幼儿很容易进入故事内容中。

(二)歌唱活动目标设计

一方面,歌唱活动目标的设计同样需要遵循活动目标设计的总原则;另一方面,歌唱活动目标设计依据歌唱关键经验,是对歌唱关键经验的细化。

1.歌唱活动目标的设计原则

歌唱活动目标设计需要遵循教育活动目标设计的发展性、完整性、灵活性等原则。就发展性而言,目标设计要着眼于幼儿发展,一方面使目标既适应幼儿已有发展水平又能促进幼儿达到新的发展水平;另一方面设计目标不仅需要考虑幼儿经过努力是否能够掌握新的学习内容更要考虑是否获得目标所期望的经验。就完整性而言,歌唱活动目标一方面既要体现音乐发展目标也要体现学习品质、情感与社会性等发展目标上;另一方面既要有音乐感受目标又要有音乐表现目标,是音乐感受与表现过程的统一。就灵活性而言,具体的一个歌唱活动目标的设计,不要僵化为对所有目标维度的面面俱到,例如,每个活动目标必须是一条认知、一条情感、一条技能三条目标构成;每个活动目标必须是五项关键经验都涉及。一个歌唱活动目标的设计,无论在目标的认知、情感、技能三结构还是在五项关键经验上,不应该没有重点地平均用力。具体活动目标的特征就是个性、具体化,所以,教师需要针对每首歌曲的内容与音乐特征,在目标的某一纬度或某一关键经验上进行加强。

2.歌唱活动目标的表述

歌唱活动目标不只是具有音乐目标,也会出现学习品质、情感、社会性等目标,对于非音乐性目标的表述与其他领域目标的表述一致,不在这里赘述。下面我们主要介绍歌唱活动目标中音乐性目标的表述方式。

(1)从心理过程维度表述歌唱活动目标

歌唱活动中幼儿的音乐学习是一种艺术心理的展开过程,必然地经历感受与表现两个过程,所以,在歌唱活动目标表述中需要体现出感受与表现两个内容,并做到统一。

(2)歌唱活动目标表述的范例

例1:大班歌唱教育活动《五只小青蛙》

- 通过对《五只小青蛙》图片的观察与描述,感受歌曲的歌词内容。
- 通过对老师示范动作的模仿,体验身体动作与音乐的合拍特征。
- 创编青蛙捉虫子、吃虫子的动作,合拍地表演歌曲的身体动作。

例2：小班歌唱教育活动《合拢放开》

● 通过对小手能做的许多事情的语言描述与动作表达，感受歌曲的歌词内容。
● 边唱歌曲边做小手躲猫猫与爬的游戏，体验身体动作与音乐的合拍特征。
● 引导幼儿边歌唱边动作表演，在愉快情绪中结束活动。

(三)歌唱活动过程设计

1. 歌唱教育活动的一般环节

幼儿园歌唱教育活动的一般环节遵循幼儿歌唱学习的一般过程：歌词掌握－节奏掌握－旋律轮廓线掌握－有调性地歌唱（准确歌唱）。受音准概念没有建立的制约，一般来说，幼儿只能达到"旋律轮廓线掌握"这一环节，很难达到最后环节"有调性地歌唱"。

幼儿园歌唱教育活动的一般环节也遵循艺术心理的一般过程：感受过程－表现过程。幼儿音乐感受的最大特征是身体动作参与，幼儿的音乐感受与身体动作是分不开的。幼儿音乐感受与身体动作表现的区别在于音乐感受阶段的身体动作表演是不完整的、模仿性的，而身体动作表现阶段的身体动作表演是完整的、脱离榜样独立的。

依据幼儿歌唱学习一般过程与艺术心理的一般过程两个原理，幼儿园歌唱教育活动环节分为歌词内容感受、音乐形式感受、节奏表现与嗓音表现四个环节。

2. 每一环节的主要功能

(1)歌词内容感受环节的功能——教学内容进入幼儿生活经验

幼儿园音乐教育活动成功与否取决于这一环节，它是把歌曲还原到幼儿生活经验层面。

(2)音乐形式感受环节的功能——生活经验提炼到节奏经验

音乐形式感受环节需要在生活经验状态即角色扮演、情境表演等气氛中完成。第一，合拍做动作。在教学过程中，教师最好不要直接用音乐术语去评价与要求幼儿的行为，例如，"你这是不合拍的""你的动作应该合拍""你速度怎么那么不稳"等。幼儿很难从语言的角度来理解合拍、速度不稳等音乐元素特征，合拍做动作等音乐经验是通过教师的榜样与幼儿的主动实践获得的。

比如,幼儿正在学习《理发师》歌曲的表演动作,有的幼儿表演的动作不合拍,教师只能从理发师这一角色行为的角度出发去指导幼儿的动作。指导语可能会是"真正的理发师不会这么重这么快地刷头发,这样会把顾客弄得不舒服的。你能否刷得轻一点慢一点呢?"等。第二,语言描述音乐形式。当幼儿可以在教师带领下,用动作完整表达歌词内容时,教师需要幼儿用语言把身体动作中与音乐元素相关的内容描述出来,语言描述的是身体动作的表现特征,例如,动作做得是重还是轻、快还是慢、由高到低还是由低到高、动作需要重复还是不需要重复等。表面看幼儿描述的是动作特征,事实上,这些描述都是围绕音乐形式的表现特征展开的。

(3) 身体动作表现环节功能——继续节奏经验提升

这个环节的合拍做动作具有了表现特征:第一,对完整音乐的身体表演;第二,脱离教师榜样的独立身体表演。这一环节设计的关键是游戏化情境,让幼儿在游戏情境中进行两遍左右的整首歌曲的身体动作表演。

(4) 嗓音表现环节功能——旋律经验提升

这一环节的两个教学内容是幼儿的嗓音歌唱与对歌唱表现特征的语言描述。无论是幼儿歌唱学习的一般过程原理还是音乐心理过程原理都明确告诉我们:在幼儿的歌唱学习过程中,幼儿的身体动作表演先于嗓音表演。幼儿能把注意力放在旋律上的时间节点是完成歌词理解与身体动作表演之后。

上面的两个关键经验或第四环节的两个教学内容往往是密不可分的,幼儿嗓音歌唱之后,教师往往指导幼儿描述嗓音歌唱的一些表现特征,如轻与重、快与慢、高与低、粗与细、连与断等,这些特征即音乐形式的表现特征。

(四) 歌唱教育活动方案的结构

歌唱教育活动方案由四个部分构成:音乐材料、活动目标、活动准备与活动过程。第一,音乐材料部分。音乐材料部分需要呈现曲谱、对歌曲的视觉符号表征(图片、视频、图谱等)、对歌词内容的运动觉符号表征(动作设计)、情境设计中的道具。在一个具体歌唱教育活动方案的设计过程中,并非绝对需要完整的四个部分,视具体歌曲与设计情况来呈现其中的几个部分。第二,活动目标部分。活动目标往往由感受与表现两个部分构成。感受部分包括歌曲内容与形式两方面,一方面写清楚需要幼儿感受到的歌曲内容是什么?另一方面写清楚需要幼儿感受到的这首歌曲特有的音乐元素特征是什么?感受部分可以把内容与音乐感受合在一起写一条目标,也可以分开写成两条目标,视具体歌曲而定。表现部分写明表现的类型是身体动作表现还是嗓音表现,同时写明具体的身体动作表现要求或歌唱要求,如身体动作合拍地表演、唱出衬词部分、创编歌词等。第三,活动准备部分。准备部分包括经验准备与物质准备两部分。歌曲中有生僻歌词、幼儿不熟悉情境、知识类歌词等情况时,歌唱教学活动之前需要对幼儿进行经验铺垫或准备,以便顺利展开歌唱教学。物质准备主要指设备、教具、学具的准备。第四,活动过程部分。过程部分一般是按照歌曲内容感受、音乐感受、动作表现、嗓音表现四个环节走的。由于每首歌曲的侧重环节会有区别,导致不同的歌曲在教学环节的文本呈现上会有较大差别。

二、歌唱教育活动的组织

歌唱教育活动的组织是指根据课堂实际情况灵活地将歌唱教育活动设计方案转化为课堂实践的过程。

(一)歌唱教育活动的课时安排

学习一首歌曲,幼儿经历歌词内容感受、歌曲旋律感受、身体动作表现与嗓音表现等众多环节的学习过程,除了活动目标直接指向合拍做动作的一些小班歌曲外,一首歌曲的教学任务很难在一个课时中完成,一般需要二课时,难度大的歌曲,包括少数即兴创编歌词的歌曲,会有可能需要三课时。常规二课时歌唱教学的教学内容分配如下。

1.第一课时的教学内容

(1)歌词内容感受

(2)节奏与其他音乐形式的感受

(3)不脱离榜样的身体动作表现

2.第二课时的教学内容

(1)身体动作表现

(2)嗓音表现

(二)两课时歌唱教育活动组织

1.第一课时

就音乐心里的感受与表现过程而言,第一课时经历三个小环节:歌词内容感受环节、节奏与其他音乐形式的感受环节、不脱离榜样的身体动作表现环节。下面为指向歌唱关键经验的第一课时每一小环节的活动内容：

(1) 歌词内容感受环节

幼儿在此感受环节需要从事的活动是：借助视觉媒介进行歌词内容的语言描述；对歌词内容进行动作探究；对某些身体动作进行必要的语言描述。

(2) 节奏与其他音乐形式感受环节

这一感受环节幼儿需要从事的活动是：在情境气氛与教师示范双重引导下，做随乐的身体动作表演；在身体动作表演过程中对具有突出的音乐形式表现特征的身体动作，进行语言描述，旨在通过对身体动作的表现特征的描述进入对相关的音乐形式表现特征的理解。

(3) 不脱离榜样的身体动作表现环节

这一身体动作表现环节的含义是幼儿能进行整首歌曲的合拍的身体动作表演，但仍需要教师的动作或语言提醒。这一环节幼儿从事的活动是：在情境气氛和教师示范或提示语的引导下，做完整的随乐的身体动作表演。

2. 第二课时

第二课时是指向幼儿音乐表现力的教学活动，包括两个环节：身体动作表现环节与嗓音表现环节。下面为第二课时每一小环节的活动内容：

(1) 身体动作表现环节

第二课时中身体动作表现的含义是幼儿能独立地进行整首歌曲的合拍的身体动作表演。这一环节幼儿从事的活动是：只在内容情境提示下，直接进入完整的随乐的身体动作表演。

(2) 嗓音表现环节

嗓音表现即有表现力地歌唱。用嗓音表达出速度的快慢、力度的轻重、情绪的悲喜，从而达到用声音刻画歌曲内容形象的目的。这一环节也是幼儿能把注意力集中在旋律上的一个活动环节。这一环节幼儿从事的活动是：使幼儿尽可能去掉动作（去掉动作后导致幼儿没法歌唱的动作除外）歌唱，教师引导幼儿把注意力投向歌曲的旋律与声音表现力；在嗓音表演过程中对具有突出的音乐形式表现特征的声音，进行语言描述，旨在通过对声音的表现特征的描述进入对相关的音乐形式表现特征的理解。

第三部分　幼儿园歌唱教育活动设计实例

一、小班歌唱教学活动设计实例

活动一　部　位　歌

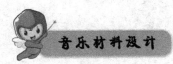

【曲　谱】

部　位　歌

英国童谣
佚名 填词

$1=D \ \frac{2}{4}$

| 5. 6 5 4 | 3 4 5 | 2 3 4 | 3 4 5 |
| 头　发、肩　膀、膝　盖、脚、 | 膝　盖、脚、 | 膝　盖、脚, |

| 5. 6 5 4 | 3 4 5 | 2 2 5 5 | 3 3 1 ‖
| 头　发、肩　膀、膝　盖、脚、 | 眼　睛、耳　朵、鼻　子、嘴。 |

【作品分析】

这是一首有关身体部位的歌曲，特别适合刚入幼儿园小小班或小班的幼儿学习。这时的幼儿处于指认身体部位，说出身体部位名称的最近发展区，这样的歌曲对幼儿具有吸引力。

【动作建议】

在所有加重点号的字上做相应动作,合上重拍。

 活动准备

幼儿具有合拍边做动作边朗诵童谣的经验。

 活动目标

1.熟悉身体部位并说出名称,能用双手有礼貌地与身体各部位打招呼。

2.合拍地拍打身体各部位。

 活动过程

1.认知身体部位。

(1)指认身体部位并说出名称。

教师:我们身体上有哪些部位呢?老师点一个,你们说出名称。

(2)小手有礼貌地与身体部位打招呼。

2.在音乐中与身体部位打招呼

(1)教师边歌唱边与身体部位打招呼。

①示范前要求幼儿观察,老师的手与哪些身体部位打招呼了。

②示范。

③示范后请幼儿回答。

(2)请幼儿和老师一起与身体部位打招呼。

视具体情况,再决定让幼儿跟着歌曲做几遍。一般控制在二遍,最多三遍。

3.两两互动与身体部位打招呼

(1)请小朋友找一个好朋友,不用音乐试着与好朋友的身体部位打招呼。

(2)在音乐中一个小朋友不动,另一个小朋友用手与对面好朋友的身体部位打招呼。注意打招呼时让好朋友舒服,不能弄痛好朋友。

(3)换角色打招呼。

(4)两个小朋友同时打招呼。

活动二 合拢放开

【曲　谱】

合拢放开

佚　名词曲

$1=C \dfrac{2}{4}$

| 5 5 1 1 | 5 5 1 1 | 3. 2 1 3 | 2 — | 5 5 2 2 |
|合　拢　放　开，|合　拢　放　开，|小　手　拍　拍　拍，| |合　拢　放　开，|

| 5 5 2 2 | 4. 3 2 4 | 3 — | 1 1 2 2 | 3 3 4 4 |
|合　拢　放　开，|小　手　放　腿　上。| |爬　呀，爬　呀，|爬　呀，爬　呀，|

| 3. 4 5 2 | 3 — | 2. 1 7 1 | 2 3 4 2 | 5. 5 6 7 | 1 — ‖
|爬　到　头　顶　上，| |这　是　眼　睛，|这　是　鼻　子，|这　是　小　嘴　巴。| |

【作品分析】

这是一首有关小手很能干，能做很多事情的歌曲。小手能干的事有：能做躲猫猫游戏、能拍手、能放在腿上、能在身体上爬、能与眼睛鼻子嘴巴打招呼。在学这首歌曲时，教师的任务是指导幼儿合拍稳定地让小手做这些能干的事情。

【动作建议】

第1小节：第一拍双手捂眼睛，第二拍双手打开。

第2小节：同第一小节。

第3、4小节：一拍拍手一次。

第5、6小节：同第一、二小节。

第7、8小节：一拍拍腿一次。

第9小节：第一拍，双手拍脚；第二拍，双手拍膝盖。

第10小节：第一拍，双手叉腰；第二拍，双手拍肩。

第11、12小节:双手一拍拍头一次。

第13小节:双手在第一拍点眼睛,第二拍不动。

第14小节:双手在第一拍点鼻子,第二拍不动。

第15、16小节:两拍点一次嘴巴。

幼儿已经会边做动作边朗诵《小手小手拍拍》这首童谣。

小手小手拍拍

小手小手拍拍,我的小手举起来;
小手小手拍拍,我的小手伸出来;
小手小手拍拍,我的小手藏起来;
小手小手拍拍,我的小手放放好。

1.学习用双手躲猫猫、双手由脚到头爬行的本领。

2.合拍地做身体表演动作。

3.学习合作表演中互相爱护的行为,体验合作表演的快乐。

第一课时

1.复习《小手小手拍拍》童谣。

教师:我们小手很能干,能做很多事,我们一边念着"小手小手拍拍"一边让小手做很多能干的事。

2.躲猫猫动作、爬的动作的难点前置。

(1)通过躲猫猫游戏,学习双手躲猫猫的动作。

①一个人的躲猫猫。

②两个人的躲猫猫。

(2)学习小手在身体上爬的动作。

3.歌唱示范,引入身体动作的表演。

(1)教师示范,提问:小手做了哪些能干的事?

(2)在幼儿回答过程中,完成分句动作的学习。

(3)教师再次示范,请幼儿跟着老师做动作。

4.幼儿用身体动作表演这首歌曲。

(1)以教师为榜样表演一遍。

(2)没有教师榜样,自主地表演一遍。

(3)幼儿两两合作表演一遍,关注两两合作时的社会性目标。

第二课时

1.复习一个人合拍的身体动作表演。

2.复习两两合作的身体动作表演。

3.不再强调身体动作,强调声音是否好听的嗓音表演。

(1)不做身体动作的嗓音歌唱。

①教师示范。

②幼儿自主演唱。

(2)有旋律高低、声音自然等演唱要求的歌唱。

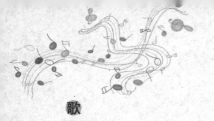

活动三 饼干歌

【曲谱】

饼 干 歌

选自CCTV《智慧树》
佚 名 词曲

$1=C \dfrac{2}{4}$

A
5. 5 5 5 | 6 6 | 5 4 3 2 | 1 3 2 |
饼 干 饼 干 圆 圆， 我 最 喜 欢 吃 饼 干，

1. 2 3 5 | 6 6 | 5 6 3 5 2 3 | 1 x ‖
饼 干 饼 干 尖 尖， 我 要 自 己 做 饼 干。 嘿！

B
(念) 揉一揉 团一团，叭 叭 叭—，饼 干 饼 干 圆 又 圆。

A'
5. 5 5 5 | 6 6 | 5 4 3 2 | 1 3 2 |
饼 干 饼 干 圆 圆， 放 进 圆 圆 的 烤 箱，

1. 2 3 5 | 6 6 | 5 6 3 5 2 3 | 1 x ‖
饼 干 饼 干 尖 尖， 饼 干 饼 干 转 转 转。 嘿！

B'
(念) 搓一搓 捏一捏，叭 叭 叭—，饼 干 饼 干 扁 又 扁—，扁—又—扁—。

【作品分析】

这是与做饼干生活经验相关的一首说唱歌曲，无论是说还是唱的内容都特别适合身体动作表演，比较适合节奏经验的获得。

【动作建议】

A段：

第1、2小节：双掌手心朝外放在胸前，左右摇晃，一拍一次，共四次。

第 3、4 小节:双手四指并拢与拇指相对一闭一张做嘴巴状,在脸前从左到右一闭一张四次。

第 5、6 小节:同第 1、2 小节。

第 7、8 小节:前六拍右手从身体的左边到右边,由上到下画圈,最后两拍做一个屈臂握拳的动作。

B 段:

揉一揉:双掌伸开,在身体左侧从里往外画圈。

团一团:在身体右侧做与"揉一揉"一样的动作。

叭叭叭——:双臂伸直在胸前,上下合手掌,共合三次。

饼干饼干圆又圆:双臂伸直在前方做抱圆圆东西的动作。

A'段:

第 1、2 小节:同 A 段第 1、2 小节。

第 3、4 小节:两手掌手心朝上放在身前,由腰间向身前方伸出,表示把饼干放入烤箱。

第 5、6 小节:同 A 段第 5、6 小节。

第 7、8 小节:双手握拳,双臂交叉放在胸前,做轱辘转的动作。

B'段:

"饼干饼干扁又扁":做与 B 段"叭叭叭——"一样的动作。

其余几句动作:同 B 段。

幼儿对饼干制作过程、使用烤箱烤饼干的过程已经有一个比较全面的认识与体验。

1.能用身体动作表达做饼干的过程。

2.合拍地用身体动作表现歌曲的内容。

活动过程

1. 讨论饼干制作与烘烤的过程。
2. 请幼儿用身体动作表达饼干制作与烘烤的过程,教师对幼儿的本能动作做出简化与提炼。
3. 教师无动作范唱歌曲,请幼儿说说歌曲中小朋友做了什么?
4. 教师第二次范唱,请幼儿完成歌词的动作创编。
   (1) 教师的分句范唱与幼儿动作创编相结合。
   (2) 教师对幼儿的本能动作做出合拍的提升。
   (3) 在老师引导下,幼儿完整表演这首歌曲的身体动作。
   (4) 幼儿自主地完整表演。

活动四 公共汽车

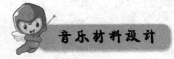

【曲 谱】

公 共 汽 车

选自CCTV《智慧树》
佚　　　名 词曲

```
1=♭E 4/4

0 5 | 1 1 1 1 3  5 3 1 | 2 7 5  5 3 1 5 |
1.公  车上的轮子 转(呀)转， 转(呀)转   转(呀)转，公
2.公  车上的门(呀) 开开关关， 开开关关  开开关关，公
3.公  车上的人(呀) 上上下下， 上上下下  上上下下，公
4.公  车上的雨(呀) 刷刷刷，  刷刷刷   刷刷刷，公
5.公  车上的宝宝 哇哇哭，  哇哇哭   哇哇哭，公
6.公  车上的妈妈说 嘘嘘嘘，  嘘嘘嘘   嘘嘘嘘，公

1 1 1 1 3  5 3 1 | 5    5. 5 1 ‖
车 上的轮 子 转(呀)转，  跑  遍 城 市。
车 上的门(呀) 开开关 关， 跑  遍 城 市。
车 上的人(呀) 上上下 下， 跑  遍 城 市。
车 上的雨(呀) 刷刷 刷，  跑  遍 城 市。
车 上的宝 宝 哇哇 哭，   跑  遍 城 市。
车 上的妈 妈说 嘘嘘 嘘，  跑  遍 城 市。
```

【作品分析】

这首歌曲的主要特征是弱起，其次是生动地展现了公车上的人与物的动态形象，很适合幼儿用动作去表现。

【动作建议】

弱起拍：不做动作。

第一段：握双拳，双臂在身体两侧弯曲，前后画圈，做轮子转的动作，一拍划一次。

第二段：手掌伸直，掌心朝外，双掌并拢放在胸前，跟随歌词做分开并拢动作。

第三段:做拉公共汽车拉手的动作,跟随歌词做上下动作。

第四段:手掌伸直,掌心朝外,双掌分开放在胸前,跟随歌词做左右摆动。

第五段:双拳握紧放在眼前,跟随歌词做压手腕动作,表示宝宝在哭。

第六段:右手食指伸出放在嘴上,跟随歌词用食指敲嘴唇。

1.根据歌词内容创编动作。

2.合拍地用上肢动作表现歌词内容。

第一课时

1.幼儿坐在位置上,教师与幼儿讨论汽车的轮子是怎么转的,并请幼儿用动作表示出来。

2.教师边歌唱边做汽车轮子转的上肢合拍动作,并请幼儿跟着做二遍。

3.教师与幼儿谈论坐汽车的情境,讨论汽车的门是如何开关的、坐车的人是如何上下的,并请幼儿用动作表示出来。

4.教师边歌唱第二段、第三段边合拍作上肢合拍动作,并请幼儿跟着做一遍。

5.请幼儿三段连起来完整表演一遍。教师注意观察幼儿动作的合拍状态。

6.请幼儿站起来围成一个圈,在教师的带领下做歌曲的前三段动作。这一次是移动动作,下肢做小跑步不需要合上拍。

第二课时

第四至六段歌曲的学习,建议按第一课时的方法同样进行。

活动五 大 灰 熊

（浙江省象山县滨海幼儿园　张雪琴　设计并执教）

【曲　谱】

大 灰 熊

美国传统儿童歌曲
王　秀　萍译词

1=D 2/4

| 1 1 | 1 3 | 2 2 | 2 4 | 3 1 | 2 7 | 1 — |

一只　大灰　熊（呀）睡在　洞里　头，

| 3 3 | 3 5 | 4　4 | 2 2 | 2 4 | 3　3 |

请你　走路　轻　轻，　非常　非常　轻　轻，

| 1 1 | 1 3 | 2 2 | 2 4 | 3 1 | 2 7 | 1 — ‖

如果　你去　摇醒　它呀，它就　要发　怒。

【作品分析】

这是一首适合幼儿分角色表演的情景性歌曲,短短三句旋律表现了大灰熊睡觉、小朋友轻轻进来、大灰熊醒来发怒的戏剧性冲突,教师应该引导幼儿充分体验歌曲力度的轻和重,能用肢体动作大胆表现。根据动作经验还原理论,歌唱教学第一课时不强调幼儿的演唱,只是充分感知和表现歌曲,积极参与角色游戏表演。

【课件和图片】

图一

图二

图三

图四

图五

图六

【动作建议】

　　第一句：大灰熊坐在椅子上睡着了。

第二句:小朋友轻轻地走来了。

第三句:前半句,小朋友用手轻轻地摇了一下大灰熊;后半句,大灰熊站起来发怒了。

【游戏玩法建议】

1.演唱歌曲部分:幼儿边唱边做相应的动作。

2.大灰熊发怒时(低八度音乐响起):幼儿扮演木头人,摆一个造型静止不动,"大灰熊"在其中来回走动,发现是一群木头人又回去睡觉了。

3.大灰熊睡着了,幼儿悄悄地跑回家,游戏重新开始。

4.游戏几次后,大灰熊苏醒了,和幼儿一起跳舞、游戏。

1.大灰熊头饰一个,由配班老师扮演大灰熊。

2.设置大灰熊在山洞中睡觉的情境。

第一课时

1.初步感知歌曲力度的轻重,能用形体动作大胆表现歌曲。

2.知道大灰熊醒来时静止不动,初步学习控制自己。

3.体会与老师、同伴一起参与音乐活动的乐趣。

1.情景导入。

教师:今天天气真不错,我们活动活动身体吧!(听伴奏音乐进活动室)

2.理解歌曲。

(1)教师边操作幻灯片边讲述故事。

(2)熟悉歌词内容,边操作幻灯片边有节律地念歌词。

(3)学学图片中大灰熊发怒的样子,教师引导幼儿同伴间相互学习不同的发怒造型。

(4)教师念儿歌扮演小朋友,幼儿扮演大灰熊,表演大灰熊发怒的样子。

3.动作学习。

(1)感知歌曲。

①初步感知游戏,掌握小朋友轻轻走路的动作。

②掌握摇的动作,学会唱到"如果你去摇醒它呀"才能去摇大灰熊。

③教师完整演唱歌曲,幼儿练习。最后提醒幼儿当大灰熊醒来发怒时要变成木头人,创编各种"木头人"造型并静止不动。

(2)分角色动作表现。

①请一半幼儿来表演大灰熊,一半幼儿表演小朋友。

②交换角色进行表演,强调大灰熊醒来发怒时要变成木头人。

4.情境游戏。

(1)游戏第一次。

山那边真的有一只大灰熊(配班教师扮演),我们去摇醒它和我们一起游戏,好吗?

(2)游戏第二次。

大灰熊又睡着了,我们再去试一次,请它和我们一起游戏。

(3)大灰熊苏醒了,和小朋友开心地跳舞。

第二课时

1.尝试用嗓音去表现歌曲的强弱及故事中的角色。

2.用身体动作自如合乐地表现歌曲的强弱轻重。

3.积极参与演唱,学会控制自己。

1.合着音乐用身体动作表演大灰熊的故事。

(1)跟着音乐看着指挥,表演故事。

（2）根据教师的歌唱，表演故事。

2.学唱歌曲《大灰熊》。

（1）请幼儿合着伴奏演唱歌曲，讨论分析哪个地方唱得重，哪个地方唱得轻？

（2）尝试演唱，演唱发现唱到"走路轻轻"时特别轻，唱到"发怒"时特别重。

（3）幼儿演唱。

（4）提出歌唱的要求。

小朋友很会用身体动作来讲故事，其实我们还会用喉咙讲故事。用喉咙讲故事时就不要用太多的动作，更不能做动作忘记歌词哦。

（5）请幼儿用演唱来讲故事。

3.合伴奏带歌唱。

提醒幼儿演唱时要注意力度的轻重。

活动六 两只小鸟
（浙江省象山县滨海幼儿园 杨淑 执教）

【曲 谱】

两只小鸟

1=D 2/4   佚 名词曲

```
1     2    | 3.     4  | 3 3  2 2 | 1   -  |
两    只     小      鸟   停在  树枝   上，

3     4    | 5.     6  | 5 5   4  | 3   -  |
它    叫     丁      丁   它叫   东    东，

5 5  5 6   | 5      -  | 5 5  5 6 | 5   -  |
丁丁 飞走    了，         东东 飞走   了，

5 5   3    | 5 5    0  | 4 4   2  | 1 1  0 ‖
飞来  吧，   丁丁，      飞来  吧，   东东。
```

【作品分析】

　　此曲结构短小，乐句大多是音阶性旋律，音域只有五度，歌词中的小鸟角色形象生动，易于小班幼儿歌唱及表演。

【课件图片】

图一

图二

图三　　　　　　　　　　　　　图四

【小鸟指偶道具】

【小树林场景】

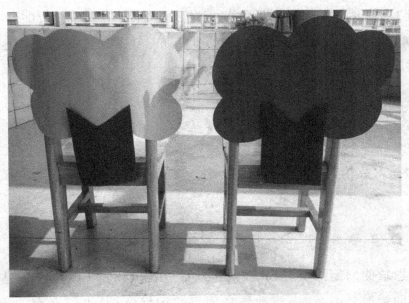

【演唱部分动作建议】

前奏：双手各持一只小鸟纸偶藏到身后,身体随音乐左右摇动。

1—2小节：双手同时从身后伸出,小鸟纸偶随音乐左右摆动。

3—4小节：唱到"坐"时,两只小鸟同时停在肩上(或身体其他部位)。

5—6小节：左手持小鸟,上下摆动。

7—8小节：右手持小鸟,上下摆动。

9—10小节：将左手小鸟藏到身后。

11—12小节：将右手小鸟藏到身后。

13—14小节：左手所持小鸟从身后回到胸前。

15—16小节：右手所持小鸟从身后回到胸前。

17—20小节：两只小鸟相对,随音乐靠近,以示拥抱。

【游戏玩法建议】

1.准备：

教师扮演鸟妈妈和幼儿扮演的小鸟玩捉迷藏游戏。

2.玩法：

幼儿边唱歌边围坐在教师左右两边。当唱到"丁丁飞走了"时,左边的幼儿做飞走动作后藏于"小树林"中,唱到"冬冬飞走了"则右边的幼儿飞走躲藏,鸟妈妈到"小树林"中寻找小鸟。当唱到"丁丁回来吧"时,左边的幼儿回到妈妈身边,唱到"冬冬回来吧"则右边的幼儿飞回。当唱到"快快回来吧"时,鸟妈妈和回来的小鸟拥抱。

与幼儿人数相同的小鸟指偶,布置小树林情境。

1.熟悉歌曲的旋律,理解歌词内容,学习用自然、轻柔的声音演唱歌曲。

2.借助看教具演示、表演动作来理解并记忆歌词;借助已有的生活经验,尝试用不同的肢体动作表现歌曲。

1.引入和体验:我的小鸟飞来了。

(1)看看、听听:听听谁来了?(聆听鸟叫声)

来了几只鸟?是什么颜色的?(引导幼儿观察多媒体)

(2)讲讲、做做:这两只小鸟在玩什么游戏?

什么游戏是要躲起来的?(引导幼儿说说捉迷藏)

小鸟在玩捉迷藏的游戏。(教师一边唱歌,一边用手偶做游戏)

2.感受和游戏:我和小鸟捉迷藏。

(1)再次感受:你的小手也来玩玩吧。(师生一同边唱歌,边用手偶玩游戏)

我们来和小鸟捉迷藏吧!(引导幼儿回忆游戏)

(2)扮演游戏:现在,把你的小椅子变成一棵小树吧。(引导幼儿将小椅子放在红点上)

想想你要做哪只小鸟呢?想好了快点飞到它们身边去。

玩捉迷藏的时候,怎样才能躲起来不让别人发现?

(3)教师边唱边带领幼儿游戏。

3.感受和提升:我带小鸟去玩耍。

(1)手偶游戏:老师也给大家准备了小手偶。(教师分发手偶)

(2)我们一起把这首歌唱给小鸟听吧!

活动七 小老鼠上灯台

（浙江省象山县滨海幼儿园　张雪琴 执教）

音乐材料设计

【曲　谱】

小老鼠上灯台

佚　名词曲

1=F 2/4

| 5 5 3 | 5 5 3 | 5 5 3 | 5 6 5 |
| 小老鼠 | 上灯台， | 偷油吃， | 不下来， |

| 1 1 1 | 1 6 5 | 5 5 5 3 2 3 | 1 — ‖
| 喵喵喵 | 猫来了， | 叽哩咕噜滚下 | 来。

【作品分析】

这首歌曲生动有趣、简单易学、富有动感。歌曲表现了小"老鼠偷油遇猫"的情景。虽然是一首简单的歌曲但故事情节完整，非常适合幼儿表演和游戏。小班幼儿的思维正处于直觉行动思维向具体形象思维过渡时期，喜欢在动作模仿和游戏情景中学习。他们学习的特点是只关心活动的过程，不关心活动结果，因此，在设计时要非常注重教学活动的游戏化、情景化，强调让幼儿在愉快、轻松、自由的游戏中自娱自乐，在玩中学习和获得发展。

【图片与道具】

图一　宣纸画的大灯台背景一幅

图二　头饰、手偶、教具

【皮影表演动作建议】

第一句:教师手持小老鼠,慢慢爬上灯台。

第二句:"猫来了"不动,然后翻滚着掉下来。

【演唱时动作建议】

第一句:一只手作"大灯台",一只手套上小老鼠指偶,慢慢爬上"灯台"。

第二句:学猫的动作。

第三句:手套小老鼠指偶从"灯台"上翻滚下来。

【游戏玩法建议】

第一句:幼儿边唱边做小老鼠爬、偷油的动作。

第二句:一人扮演猫躲在某个角落里,"喵喵喵"时窜出来。

第三句:小老鼠吓得跑回家,游戏重新开始。

活动准备

1.皮影小老鼠道具。

2.在教室两边分别布置一架灯台情境。

活动目标

1.初步学唱歌曲,并能用形体动作大胆表现歌曲。

2.感知音乐的强弱,并主动与老师、同伴一起参与歌唱活动。

活动过程

1.情景导入,引起兴趣

教师:今天天气真不错,我们活动活动身体吧!

2.理解歌曲、初步感知

(1)观看皮影戏表演,教师讲述故事。

教师:瞧,谁来了!(小老鼠出现,教师模仿小老鼠的语气说)

"我是一只可爱的小老鼠,咦,这里有盏大灯台,让我爬上去看看。哇,好香的油啊!我从来没有吃过油,这油到底是什么味道的?酸酸的?还是咸咸

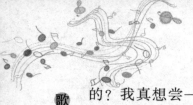

的？我真想尝一尝啊。"说着,小老鼠就爬上了灯台,突然一个可怕的声音(钢琴"彭彭"),"谁来了?"原来是大花猫,小老鼠吓得叽里咕噜滚了下来。

(2)幼儿边看表演,边欣赏儿歌一遍。

(3)幼儿边看表演,边听教师翻唱一遍。

3.学唱歌曲、动作表现。

(1)学唱歌曲。

教师出示小老鼠指偶和幼儿打招呼"谁来做我的大灯台?我来爬一爬。"

①边演唱歌曲边和一位幼儿表演一遍。

②边演唱歌曲边再次选择一位幼儿进行表演。

(2)肢体表现。

①全体幼儿人手一个指偶进行动作表演,教师演唱歌曲。

师:"还有谁愿意做我的大灯台?你们都愿意,我有一个好办法,小手伸出来,我请你们都和小老鼠做朋友。"

②"你的小老鼠有没有吃到油?我的还没吃到油呢?你们帮我一起唱,这样我不害怕就能吃到油了。"再次表演,鼓励幼儿一起演唱。

"我吃到油了,我吃到的草莓味的油,你吃到的是什么味的?

③尝试用身体各部位当灯台演唱。

教师:刚才我们用的是手臂当灯台,除了手臂,还有哪些地方可以当灯台?(提示灯台是高高的)

引导幼儿利用身体各部位当灯台,边做动作边演唱歌曲。

4.情境游戏。

(1)游戏第一次。

"听说外面有个大灯台,里面有好多香香的油哦!我们一起去找,好吗?要是老猫来了,要赶紧逃回家哦!"

(2)游戏第二次。

"我还没吃饱呢,我们再去试一次。"

(3)(离开教室)"小老鼠们吃得饱饱的,开心地出去玩了。"

活动八 挠痒痒

【曲谱】

挠痒痒

$1=D \frac{3}{4}$　　　　　　　　　　　　　　　　　　　　佚　名词曲

（中等音量）　　　　　　　　　　（轻）

5 6 5　4 ｜ 3 5 2　1 ｜ 1 3　5 3　6 3 ｜ 5 — — ｜

毛毛 虫（呀）爬出 来 了，哩哩 哩哩 哩哩 哩，

（中等音量）　　　　　　　　　　（重）

5 6 5　4 ｜ 3 5 2　1 ｜ 1 3　5 4　3 1 ｜ 1 — — ‖

大树 爷 爷　笑起 来 了，哈哈 哈哈 哈哈 哈。

【作品分析】

这是一首三拍子歌曲，这首歌曲突出的音乐特征是节奏的强弱，即通过声音强弱的处理，表现毛毛虫身体小，声音小；大树爷爷身体大，声音大的特征。

【故事设计】

毛毛虫在大树爷爷的身子里整整睡了一个冬天，现在春天到了，天气暖和了，它们全都睡醒了。毛毛虫们"哩哩哩哩"地唱着歌，全都爬到大树爷爷的身上，可怜的大树爷爷浑身被挠得痒痒的，忍不住"哈哈哈哈"地大笑。

【角色设计】

每个小朋友戴一个毛毛虫指偶，用手指表现毛毛虫，嘴里发出很轻的"哩哩哩哩"的声音。

两位教师头戴树的头饰，穿绿色衣服，四肢伸开，扮演大树爷爷。当毛毛虫在身上爬时，发出洪亮的"哈哈哈哈"的笑声。

【道　具】

"大嘴巴"精灵：

 活动准备

1.毛毛虫指偶一人一个，大树头饰两个。
2.道具"大嘴巴"一个。

 活动目标

1.能生动地用手指表现毛毛虫的小身体，用轻柔的嗓音表现毛毛虫。
2.在大嘴巴道具的帮助下，能用轻重不同的声音唱出歌曲中的衬词。
3.体验合作中表演角色与歌唱的快乐。

 活动过程

1.教师讲故事，引导幼儿表演毛毛虫。
（1）教师讲故事，并与幼儿讨论大树爷爷与毛毛虫两个角色所做的事。
（2）请幼儿边听老师讲故事边扮演毛毛虫，教师头戴大树头饰身，并穿绿衣扮演大树爷爷。
（3）幼儿扮演毛毛虫时需要发出非常轻的"哩哩哩"的声音，教师发出"哈哈哈"的声音。

2.教师引出歌曲,师生在歌曲中扮演毛毛虫与大树爷爷。

(1)教师把故事换成歌曲进行范唱。

(2)请幼儿把毛毛虫发出的"哩哩哩"声音用歌声表达。

(3)教师与幼儿在歌声中表演毛毛虫与大树爷爷的故事。

3.教师呈现"大嘴巴"教具,请幼儿跟随"大嘴巴"的指挥歌唱。

(1)开始两遍幼儿只唱毛毛虫的衬词部分。

(2)后面两遍幼儿同时唱毛毛虫与大树爷爷的衬词部分。

活动九 两只小象

(杭州市西湖区紫荆幼儿园 沈燕金 执教)

【曲 谱】

两只小象

常 瑞 词
汪 玲 曲

1=G 3/4

| 1 3 5 1 | 3 3 3 0 | 1 5 5 6 | 2 2 2 0 |

1. 两只小象 哟啰啰, 河边走呀 哟啰啰,
2. 就象一对 哟啰啰, 好朋友呀 哟啰啰,

| 3 1 3 1 | 6 6 6 0 | 2 5 2 3 2 | 1 1 1 0 ‖

扬起鼻子 哟啰啰, 勾一勾呀 哟啰啰,
见面握握手 哟啰啰, 见面握握手 哟啰啰。

【作品分析】

　　这是一首三拍子歌曲,曲调简单优美,形象鲜明,每一乐句的结尾均以"哟啰啰"作为衬词,增加了歌曲的生动性和趣味性,同时本次活动中将接唱"哟啰啰"作为重点。基于小班幼儿具体形象的思维特点,教学中,我们主要是从看看歌曲中两只小象打招呼的方式—重点倾听学唱"哟啰啰"—以孩子们熟悉的"大嘴巴"这一形象进行"哟啰啰"的接唱游戏—与同伴边唱歌边进行互动游戏这几个环节,层层递进的迁移孩子的注意力,关注学习的环节目标意识。整个教学活动在一种轻松愉悦的游戏氛围中进行,使孩子在自然学唱的过程中及时体验到同伴间友好相处的美好情感。

【图　片】

图一

图二

图三

【道　具】

大嘴巴精灵：

【歌曲接唱操作建议】

1.在唱到"哟罗罗"的时候，教师将大嘴巴朝向幼儿，并引导幼儿双手张开放在嘴巴两侧，做小喇叭状，暗示幼儿要大胆歌唱。

2.在接唱游戏时，教师可以在地面上用不干胶贴一个八字形状的两条线，让幼儿自主分组面对面站立。教师说清楚游戏规则：即大嘴巴对着哪一组，哪一组的小朋友就要接唱。

3.第一遍游戏，教师只让幼儿接唱"哟罗罗"，根据实际情况，教师再分别加入其中一组进行接唱游戏。对于除"哟罗罗"之外的其他歌词内容，幼儿以跟唱为主。

1.图片三张，大嘴巴道具。

2.播放CD设备。

活动目标

1.理解歌曲内容,感受歌曲活泼的性质,能够自然接唱"哟啰啰"。
2.在良好的游戏情境中,体验与同伴共同歌唱、游戏的快乐。

活动过程

1.创设角色情境,激发兴趣导入

(1)教师:瞧!今天我是大象老师,要和你们这些小象朋友们交朋友。谁来说说看,大象老师和小象朋友们见面可以怎么打招呼?大象老师要和你们这些小象朋友做好朋友,那好朋友见面可以怎么打招呼呢?

(2)教师根据幼儿的回答进行相应的互动(亲一亲、抱一抱、握握手,握手时,最好全部小朋友都握一遍。)

(3)如果幼儿说不出勾鼻子,就引导说:大象老师用长长的鼻子跟你们打招呼,你们的长鼻子呢?然后赶紧跟身边的小象朋友一起扬起鼻子勾一勾,勾得紧紧的,真亲热。

2.理解歌曲内容,感受歌曲活泼的性质,并学唱歌曲

(1)教师:看到你们和好朋友玩得真开心,把森林里的两只小象也吸引过来了,她们还唱着好听的歌呢!我们一起来听一听歌曲中的两只小象是怎么和好朋友打招呼的?

(2)教师清唱一遍歌曲后问幼儿:两只小象是怎么打招呼的?谁来说说看?找到你身边的小象朋友一起扬起鼻子很亲热地勾一勾。然后,再开心地握握手。(教师同时进行示范演唱)

(3)教师小结:原来歌曲中的两只小象在河边走路,见面扬起鼻子勾一勾,还会握握手,真是一对好朋友。

(4)教师:两只小象还边玩边用好听的声音打招呼,我们一起再来听一听,待会儿大家告诉我,两只小象是用怎样好听的声音打招呼的?

(5)教师:谁听到两只小象好听的打招呼声啦?(对!是哟啰啰)贴音符,小象唱着"哟啰啰"好听的歌声。教师边唱边贴。现在我们一起也用这个好听

的声音跟身边的好朋友打打招呼;真好听!我想听得更清楚,请大家装起小喇叭跟大象老师打招呼!

(6)教师:现在我们边听歌曲边和歌曲中的两只小象来打招呼。看哪只小象打招呼的声音最动听?

3.师幼互动,在游戏中巩固"哟啰啰"的旋律和节奏。

(1)师:(出示大嘴巴)你们这么好听的歌声,瞧把谁吸引过来了?大嘴巴又想和我们玩游戏,当大嘴巴张大嘴巴看着你们的时候,你们也要张大嘴巴唱出好听的歌声,但是当大嘴巴张大嘴巴看着大象老师的时候,那么是谁唱歌呢?你们呢?那我们开始吧。

(2)教师预设:刚才有一只小象打招呼的声音特别轻,大象老师和大嘴巴都听不到,还以为少了一个小象呢?瞧!大象老师是怎么唱的。(教师示范)这里的重点是如何接唱。

(3)教师:现在大嘴巴想要你们根据名字贴上小象的颜色分成小黄象和小蓝象两队,比一比哪一队的声音更好听。(分配场地)

教师再次强调游戏规则:当大嘴巴张大嘴巴看着小黄象的时候,那小黄象要怎么做?对着小蓝象的时候呢?对着大象老师的时候呢?那你们怎么做?

(4)教师:那大象老师和大嘴巴一起来看哪一队打招呼的声音更好听?

4.在合作游戏中进一步感受歌曲的旋律,体验和同伴一起唱歌表演的快乐。

(1)教师:刚才的歌声真好听,大象老师给你们掌声。大嘴巴也想通过亲的方式来奖励你们,快来让大嘴巴亲一下吧。亲完之后请回到位置上休息一下吧!

(2)教师:你们也来学一学歌曲中的两只小象,一起唱歌一起玩游戏,愿不愿意啊?那现在请你们坐在位置上找到一个朋友手拉手。(教师多请出来一个孩子上台和老师一起做游戏)待会儿可要让我听到你们好听的歌声哦!

(3)教师:刚才我和我的小象朋友表演完了还亲热地拥抱了一下呢!那现在我们就找到一个好朋友到舞台中间来,边唱歌边游戏。看一看哪一对好朋友的歌声最好听?

(4)结束:那我们现在跟着大嘴巴,唱着好听的歌曲,拉着自己的好朋友去向爸爸妈妈介绍你的好朋友吧!

活动十 小猫叫咪咪咪

(杭州市西湖区山水学前教育集团　施午云 执教)

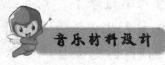

【曲　谱】

小猫叫咪咪咪

选自《江阴市网上家长学校》
佚　名 词曲

$1=F \quad \frac{2}{4}$
轻柔地

| 5 1 　1 5 | 3 3 　3 | 5 1 　1 5 | 2 2 　2 |
| 小 猫　叫 | 咪 咪 咪， | 小 猫　叫 | 咪 咪 咪， |

| 3 3 　2 1 | 6 — | 5 1 　2 3 | 1 — ‖ |
| 叫 我 干 什 | 么？ | 叫 我 把 脸 | 洗。 |

【作品分析】

　　这首歌曲旋律优美、歌词浅显易唱，在简短的四句歌词中蕴含了要讲卫生、勤洗脸的生活常识，我们以幼儿喜爱的动物形象——"小猫"来引导幼儿进入富有情景性和趣味性的教学环境中。在整个歌唱教学设计中，我们将情景作为教学设计的主线，特别注重幼儿对歌曲本身的最基本的感受和体验。通过感受歌曲－激发歌唱的欲望－动作表现歌曲，这几个环节，使幼儿在情景中喜爱和理解歌曲，并自然而然愿意歌唱。

【操作材料】

　　自制脏脸娃娃(整张铅画纸大小)，两个娃娃脸的表面可以用透明胶粘贴，然后用水彩笔画出脏兮兮的样子，由于表面有透明胶，可以多次使用。

图一　　　　　　　　　　　　　图二

【小猫头饰】

【歌曲情景创设建议】

在轻柔的歌曲声中,幼儿手拿毛巾在教师的带领下去帮助脏脸娃娃洗脸,一边洗一边开口唱歌。

活动准备

1. 脏脸娃娃两个,小猫头饰一个。
2. 与幼儿人数相同的毛巾。

活动目标

1. 在情景氛围中学唱歌曲,感受歌曲优美的旋律。

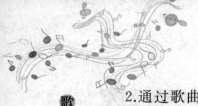

2.通过歌曲知道要做个爱洗脸的清洁宝宝。

3.在听听、唱唱、玩玩中体验音乐情景游戏的乐趣。

活动过程

1.听一听,经验回顾,初步感受歌曲。

(1)出示脏脸娃娃(妹妹),引导幼儿说出帮助她洗脸。

(2)教师清唱歌曲,边唱边帮助脏脸娃娃洗脸。

师:小猫叫咪咪咪,叫我干什么?(叫我把脸洗)

2.唱一唱,激发兴趣,跟唱歌曲。

(1)出示活动的另一个脏脸娃娃(弟弟),引导幼儿观察。

师:弟弟也来了,弟弟的脸上怎么样啊?(也脏脏的)

(2)引导幼儿一起听音乐,边唱边给弟弟洗脸。

师:弟弟不愿意洗脸,怎么办呢?(原来弟弟喜欢一边听歌一边洗脸)

(3)在帮助弟弟洗脸的情境中,幼儿听音乐集体演唱歌曲两遍。

3.玩一玩,创设氛围,体验音乐情景游戏的乐趣。

(1)出示大的脏脸娃娃,激发幼儿帮助他们洗脸的愿望。让幼儿在音乐情境中边唱歌边帮助脏脸娃娃洗脸。(体验合作游戏及帮助他人的乐趣)

(2)幼儿两两相伴,在音乐情境中分别帮助同伴洗脸。(体验互动帮助的乐趣)

4.结束。

师:小朋友的小脸洗干净了吗?让我们一起回家照镜子看看吧!

活动十一　我爱我的小动物

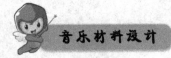

【曲　谱】

我爱我的小动物

1=C 4/4

佚　名词曲

```
5  6    5  4    3      1    | 2 1    2  3    5    -  |
1.我 爱   我 的   小     羊，  小 羊   怎 样    叫？
2.我 爱   我 的   小     猫，  小 猫   怎 样    叫？
3.我 爱   我 的   小     鸡，  小 鸡   怎 样    叫？
4.我 爱   我 的   小     鸭，  小 鸭   怎 样    叫？

3  3  3    5  5  5    | 3  3    2  2    1    -  ‖
咩 咩 咩，  咩 咩 咩，   咩 咩   咩 咩   咩。
喵 喵 喵，  喵 喵 喵，   喵 喵   喵 喵   喵。
叽 叽 叽，  叽 叽 叽，   叽 叽   叽 叽   叽。
呷 呷 呷，  呷 呷 呷，   呷 呷   呷 呷   呷。
```

【作品分析】

这是一首问答式歌曲，全曲由两个乐句构成，旋律简单句子短小，一问一答。歌曲内容简单而富有情趣，贴近幼儿生活。特别是模仿小动物叫声的部分，节奏规整，旋律起伏不大，接近口语，适合幼儿学唱。

【动作建议】

羊：双手大拇指和小指伸直，中间三指握拢，放在头上做犄角。

猫：双手五指张开在脸前做胡子，手心向内。

鸡：双手大拇指和食指打开对在一起，后三指握拢，放在嘴前做鸡嘴。

鸭：双手五指并拢伸直，手心朝下重叠，一手在上一手在下，放在嘴前做鸭嘴。

1.羊、猫、鸡、鸭图片各一张,羊、猫、鸡、鸭头饰各若干,供幼儿选择其中一种。

2.小狗玩具一个。

3.《我爱我的小动物》歌曲音乐带。

1.尝试听前奏,在老师的带领下整齐地开始与结束,体验唱歌的快乐。

2.学习按歌曲节拍模仿小动物的叫声,尝试边唱歌边做动作。

3.萌发喜爱小动物,愿意和小动物做朋友的情感。

活动过程

1.复习律动《生活模仿动作》。

播放《生活模仿动作》乐曲,引导幼儿按节拍做动作。

2.做游戏"猜猜我是谁",引导幼儿听辨和模仿小动物的叫声。

(1)教师出示小狗玩具并学小狗叫,然后提问:这是谁的叫声?你见过哪些小动物?学学它们的叫声,激发幼儿喜爱小动物的情感。

(2)教师分别模仿小羊、猫、鸡、鸭的叫声,每次叫完后请幼儿猜一猜是哪种动物,幼儿说出后出示相应图片。

(3)带领幼儿按图片顺序模仿小动物的叫声,并用动作表现出动物的主要特征。

3.学习歌曲《我爱我的小动物》。

(1)教师结合图片范唱歌曲。

(2)引导幼儿按歌曲节拍逐一模仿小动物的叫声。

(3)带领幼儿完整歌唱,尝试在老师带领下听前奏整齐地开始。

(4)引导幼儿用动作表现四种动物的主要特征,引导幼儿边做动作边歌唱。

4.做"小动物和妈妈"的游戏

将四种小动物的图片分别固定在四把小椅子上,在场地四角布置成四个家。幼儿分成四组,每组扮演一种小动物,戴上头饰蹲在自己家里。老师做妈妈,走到哪种小动物的家前面,叫一声"某某宝宝们,我们一起表演吧",哪种"小动物"就站起来和"妈妈"一起边做动作边歌唱。

活动十二 小 黑 猪

【曲 谱】

小 黑 猪

佚 名 词
沈 颖 曲

1=C 2/4

3 5 5. 5 | i 3 5 | 3 5 5 3 5 | i 3 2 |
小黑猪（呀）胖乎乎， 跟着那猴子 学爬 树，

3 5 5. 3 | 1 2 3 | 2 2 2 3 2̂1̇6 | 1 — |
树干粗（呀）抱不住， 倒在树下打 呼 噜。

1 1 1 1 1 1 | 3 — | 1 1 1 1 1 1 | 6̇ — |
呼噜噜噜噜 噜， 呼噜噜噜噜 噜。

1 1 1 1 1 1 | 3 — | 1 1 1 1 1̇ 6̇ | 1 — ‖
呼噜噜噜噜 噜， 呼噜噜噜噜 噜。

【作品分析】

这首歌曲的衬词部分即副歌部分旋律容易上口,适合小班幼儿歌唱;整首歌曲的歌词内容适合小班幼儿用身体动作进行表演。

【动作建议】

第1、2小节:双手打开做胖猪走路的样子。

第3、4小节:学猴子的特征并爬树。

第5、6小节:双手打开,然后摇手。

第7、8小节:双掌合起来放在脖子上做睡觉的动作。

1.布置大树的场景,小猪的头饰。
2."大嘴巴"小精灵。

1.通过观看PPT,用身体表演胖猪学爬树与睡觉的动作。
2.学习歌唱衬词部分。
3.用身体动作合乐表演整首歌曲。

1.观看PPT,用身体动作表演胖猪学爬树与睡觉的动作。
2.在教师的指导下,幼儿完整表演小猪学爬树与睡觉的故事。
3.教师范唱,请幼儿在教师的歌声中表演。
(1)教师:现在老师不讲故事了,要是唱歌的话,看看你们是不是还能做好小猪这个角色。
(2)教师歌唱,幼儿表演。
(3)讨论幼儿表演的情况,总结表演中好的地方。
(4)请幼儿再表演一次。
4.幼儿自主地表演小猪的故事。
5.出示大嘴巴,请幼儿唱衬词。

活动十三 藏 起 来

（杭州市西湖区山水学前教育集团　施午云　设计并执教）

【曲　谱】

藏　起　来

1=♭A 2/4

选自《奥尔夫音乐全系列》
佚　　　　名 词曲

| 5 5 3 6 | 5 5 3 | 5 5 3 6 | 5 — |

1. 我 把 小 猫　藏 起 来　谁 都 看 不 见；
2. 我 把 小 狗　藏 起 来　谁 都 看 不 见；
3. 我 把 小 鸭　藏 起 来　谁 都 看 不 见；
4. 我 把 小 鸡　藏 起 来　谁 都 看 不 见；

| 1 1 7 7 | 6 6 5 | 6 6 7 7 | 1 — ‖

现 在 小 猫　要 出 现了　喵 喵 喵 喵　喵。
现 在 小 狗　要 出 现了　汪 汪 汪 汪　汪。
现 在 小 鸭　要 出 现了　嘎 嘎 嘎 嘎　嘎。
现 在 小 鸡　要 出 现了　叽 叽 叽 叽　叽。

【作品分析】

这首歌曲选自"奥尔夫"音乐活动，原曲是藏五官，我们根据幼儿的生活经验和实际游戏状态，改编成了藏小动物。虽然有四段歌词，但是由于歌曲旋律本身比较简单，易于上口，再加上歌词中小动物形象幼儿非常熟悉，因此，对于幼儿来说，还是能够接受的。整首歌曲蕴含了幼儿最喜欢玩的"捉迷藏"游戏，因此，我们可以尝试和小动物捉迷藏的游戏情景来让幼儿充分体验歌曲中"藏起来"的神秘和"被找到"的快乐，并引导幼儿能用肢体动作大胆表现。

【教具图谱】

1.教师使用的立体教具。

小树林背景和小动物

2.幼儿游戏的操作材料。

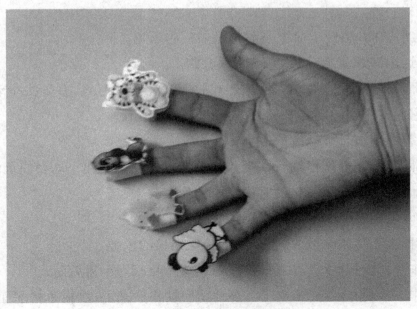

动物指偶

活动准备

1.幼儿游戏操作指偶一人一套,纱巾二人配一条,动物头饰若干。
2.播放音乐设备。

活动目标

1.在游戏情境中感受歌曲中"藏起来"的神秘和"被找到"的快乐,并初步学唱歌曲。
2.在与同伴的相互游戏中,体验一起歌唱、游戏的乐趣。

活动过程

1.游戏导入,感受躲藏游戏的神秘感和乐趣。

教师:小朋友,你们玩过捉迷藏的游戏吗?怎么玩的?

教师:那我们一起来玩一玩捉迷藏吧!请小朋友们轻轻地、轻轻地躲起来,我来找一找。

2.学唱歌曲,感受歌曲中小动物躲猫猫的乐趣。

(1)运用图片演示,幼儿完整欣赏歌曲。

教师:公园里有一些小动物也想和我玩捉迷藏的游戏,有哪些小动物?让我们和它们打个招呼吧。

(2)教师用道具范唱歌曲一遍。

教师:请小朋友们仔细听一听、看一看,老师是怎么和小动物们玩游戏的?

教师:老师唱到哪一句的时候把小动物藏起来了?

教师:唱到哪一句的时候把小动物找出来了?

(3)再次完整欣赏歌曲,感受小动物躲猫猫的乐趣。

动作一:"我把××藏起来",教师将小动物躲藏到小树后面;

动作二:"现在××要出现了",小动物们被找出来了,放在小树前面。

(4)运用指偶游戏让幼儿边唱边游戏。

教师:手指上的小动物可以把它们怎么藏起来?

教师重点强调歌曲中藏起小动物和小动物出现的地方。

3.玩唱歌曲,在游戏情境中自然开口唱。

(1)出示纱巾玩游戏。

教师:有个新朋友也想和我们一起玩,你们看看(出示纱巾)。

教师:纱巾可以和我们怎么玩捉迷藏游戏呢?

(2)幼儿带上头饰分别扮演小猫和小狗,在座位上先把自己藏起来再进行玩、唱游戏。

(3)幼儿两两结伴玩纱巾捉迷藏游戏,在游戏中快乐地唱歌。

4.结束活动。

教师:还有什么能藏起来,我们最后一起去把它们藏起来玩一玩吧。

活动十四 泡泡不见了

（杭州市红缨幼儿园 胡莉娜 执教）

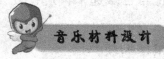

【曲　谱】

泡泡不见了

诸品娟 词
帆　帆 曲

1=D 2/4

中速 天真地

3　1　|5 5 3　|(5656 5 i|5 5 3)|2　3　|
吹（呀）吹 泡 泡，　　　　　　　　　有　大

7 2 1 |(2323 2 5|7 2 1)|3　1　|5 5 3　|4　2　|
又有小，　　　　　　　飞（呀）飞上天，飞（呀）

6 6 5 |4 4 0 |3 3 0 |X　0 |2．1 7 2|1　-　‖
飞上天。泡泡，　泡泡，　咦？　　泡泡不见 了。

【作品分析】

此歌曲内容简单，主要由四个乐句组成，每个乐句后面穿插相应的间奏；同时旋律优美，朗朗上口；歌词内容富有动作感，如"吹呀吹泡泡，飞呀飞上天"等，易于表演；歌词内容中最后一句通过一个念白："咦？"将歌曲情绪突然变得好奇、有趣，继而引出"泡泡不见了"，充满了趣味性。歌曲本身没有太大的难度，但歌曲中的两处间奏需要演唱时进行停顿，幼儿可能会难以把握，因此需要教师用有趣的动作进行表现，使间奏自然而然地在表演中度过。因此本歌唱教学设计将采用动作还原的模式，将歌曲以动作的形式呈现，从演绎动作到记住歌词、理解歌曲，从而感知旋律，放声歌唱。

【图　片】

图一　泡泡图一张

图二　大泡泡图片

图三　小泡泡图片

【演唱部分动作建议】

第1、2小节：右手伸出食指放在嘴前做吹泡泡的动作，跟随身体两拍一次左右摇摆。

第3、4小节：动作同前，嘴巴两拍吹一次，左右各一次。

第5小节：双手在胸前抱成圆圆的大泡泡。

第6小节：双手在胸前，用拇指和食指拼成圆圆的小泡泡。

第7、8小节：保持前面的造型，两拍一次左右摇摆。

第9至12小节：双手在胸前围成泡泡造型，随着音乐两拍一次左右摇摆逐步越飞越高。

第13、14小节：右手举到头顶，伸出食指点泡泡，两拍一次左右摇摆。

第15小节：双手掌心向上在胸前摊开，表示好奇。

第16、17小节:双手一左一右藏在腰后。

【歌曲表演游戏玩法建议】

1.师生共同玩吹泡泡,用上肢动作分别表示大小不同的泡泡,随着音乐泡泡越飞越高,飞到头顶。

2.唱到"泡泡不见了",用双手表示"泡泡",自主寻找身体的各个部位将泡泡藏起来(如,脑袋后面、背后、双腿后面、衣服里面等)。

1.可用PPT展示各种泡泡图片。
2.音乐播放设备。

1.用身体动作表现对歌曲内容的理解,初步学唱歌曲。
2.在"吹泡泡"游戏中,丰富音乐经验,体验音乐活动的乐趣。

1.观看PPT照片,回忆并交流和泡泡有关的经验

(1)观看师生共同玩吹泡泡的照片,简单表现吹泡泡的动作。

(2)观察泡泡照片,着重用肢体动作表现大小不同的泡泡。

2.学唱歌曲,用动作表现歌曲内容

(1)欣赏教师边唱边表演歌曲,初步熟悉歌曲内容和旋律。

(2)欣赏歌曲第二遍,乐于跟随教师用动作表现歌曲内容,初步尝试合乐表演。

(3)欣赏歌曲第三遍,乐于用不同的动作表现泡泡的大小,进一步明确吹泡泡、变大小不同的泡泡、点泡泡、泡泡飞上天等内容的表现动作。

(4)欣赏歌曲第四遍,用新的动作表现泡泡的大小,并有节奏地表现泡泡逐步"飞呀飞上天"的动作,基本了解动作还原内容。

3.玩"泡泡不见了"游戏,体验游戏的乐趣。

(1)师幼游戏,了解藏泡泡的相应乐句。

教师示范泡泡躲到手掌后面、头后面。(它大概躲到天空中的云朵后面了!教师一手做云朵,一手当泡泡躲。)

(2)单句着重练习,明确在唱到"泡泡"两个字时开始躲。(咦?泡泡不见了!)

(3)游戏反复做2~3遍,引导幼儿将泡泡躲到身体的不同部位,体验藏泡泡、找泡泡的乐趣。

二、中班歌唱教学活动设计实例

活动一 我 是 猫

(杭州市西湖区学前教育指导中心　沈颖洁 设计并执教)

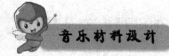

【曲谱】

我 是 猫

美国音乐
沈颖洁 填词

$1=F \quad \frac{2}{4}$

（2 3　4 3 ｜ 2 3　4 3 ｜ 4 3　4 3 ｜ 4 3 2 1　7 ）｜ 6 1　3 ｜
　　　　　　　　　　　　　　　　　　　　　　　　　　　　我是 猫，

2 2　2 1 7 ｜ 7 2　3 ｜ 2 2 2　1 7 6 ｜ 6 1　6 ｜
可 爱 的 猫；　　我是 猫，　调 皮 的 猫；　　我是 猫，

3 4 3　3 2 ｜ 3 3 2 ｜ 7 1 7　6 ｜ （3 3　3 3 ｜
帅 气 的 猫；　我是 猫，　威 风 的 猫。　摇摇 我 的

3 3　0 ｜ 4 4 3　） ｜ 3 3　2 1 7 ｜ 7 1　6 ‖
尾 巴，　喵喵喵，（说）请 你 把 我　带回 家。

【作品分析】

这是一首由美国音乐填词而成的歌曲,乐曲慵懒诙谐,富有情趣,有爵士蓝调的曲风。因此在填词设计时加入四种角色的猫咪,使得音乐形象更鲜明,更易于幼儿的表现。其中"可爱猫"和"威风猫"着重体现音色轻柔与粗放的变化,"调皮猫"和"帅气猫"在演唱时突出跳跃和连贯的对比。同时,"帅气猫和威风猫"的加入,能大大激发男孩参与演唱的兴趣。

---

① "摇摇我的尾巴",这一句音高跨度有八度,孩子演唱有困难,因此建议用说唱念白的方式来处理。

【图　片】
各种形象的猫咪照片

图一

图二

图三

图四

四种角色的猫咪图片

图一

图二

图三

图四

【演唱部分动作建议】

"我是猫":手握拳似爪子般前伸,另一手做同样动作向前伸并交叉叠放在另一手上。

"可爱猫":手腕相抵,手掌摊开,托着脸。

"调皮猫":双手握拳前伸,交叉叠放,肩膀左右高低耸动。

"帅气猫":单手拇指食指做手枪状,托在下巴下。

"威风猫":双手五指张开似爪子,往前伸。

"摇摇我的尾巴":一手叉腰,另一手模仿尾巴转圈。

"喵喵喵":双手在脸颊处往外摸胡须状。

"请你把我带回家":双手胸前握拳做祈祷状,再往前伸做拥抱状。

【游戏玩法建议】

1.演唱歌曲部分:幼儿边唱边做相应的动作。

2.间奏部分:教师依次邀请部分幼儿跟在身后去挑选其他小猫。

3.反复演唱歌曲,直至所有幼儿都被挑选并跟在教师背后"一同带回家"。

第一课时

1.多媒体放映设备。

2.与幼儿人数相等的猫耳朵头饰道具。

1.感受歌曲优雅、诙谐的曲调特点,在反复倾听中熟悉歌曲曲调,自主跟唱。

2.以角色象征物和角色标识性动作为提示,在教师感染带动下用不同肢体动作 与嗓音表现不同性格的猫咪。

3.感受扮演及表现角色的快乐,体验与同伴一同身体动作表演与歌唱的乐趣。

活动过程

1. 可爱猫咪情境导入（歌词内容感受）。

教师和幼儿共同观察形态各异的猫咪，感受猫咪不同的外形及性格特点。目的在于激发幼儿兴趣，为多元化地表现猫咪的特点进行经验与情感铺垫。

2. 发声练习。

幼儿跟随教师的指令和教具（毛线球）演示，进行长短音及高低音的音色探索。

3. 歌曲感受（歌词内容与音乐表现特征的感受）。

（1）引出宠物店情境、教师完整范唱，引导幼儿初步感受歌词内容与旋律。

（2）教师进一步范唱，引导幼儿关注音色变化与猫咪角色特点的关系。教师分别佩戴蝴蝶结发卡、网球、领结、皇冠等角色象征物，用不同音色反复范唱四遍（四句歌词相同），帮助幼儿熟悉旋律。

（3）幼儿完整学唱，尝试表现不同性格的猫咪。对比角色，初步学唱"可爱猫与威风猫""调皮猫和帅气猫"。

（4）提示歌词顺序，按顺序逐一用四句歌词演唱四种角色的猫咪。提出音色挑战，强调用嗓音的转换来表现不同性格特点的猫。

4. 歌唱的同时尝试不同角色的身体动作表演。

（1）幼儿带上猫耳朵头饰进行分角色演唱，用标识分组并确定角色。

教师请幼儿到前面带上猫耳朵头饰。同时将小椅子间距稍作调整，分成四组。将爱心、网球、领结、皇冠四张角色标志牌贴在每组的椅背上。引导幼儿明确自己的分组。

（2）教师用简单的动作提示指挥幼儿分角色轮唱。

教师指挥时用眼神和手势提前示意需要接唱的幼儿，降低幼儿接唱的紧张感。

（3）交换座位，再次轮唱。

5. 《选猫咪》游戏。

以选猫咪为情节，进行幼儿表演唱，同时用肢体、表情、音色来表现不同特点的猫咪。

第二课时

1.多媒体放映设备。
2.与幼儿人数相等的猫耳朵头饰道具。

1.以角色象征物为提示,独立地用身体动作表现不同性格的猫咪。
2.边做动作边用嗓音表现不同性格的猫咪。
3.感受扮演及表现角色的快乐,体验与同伴一起做身体动作表演与歌唱的乐趣。

1.分组身体动作表现。
教师出示猫耳朵头饰与区分不同性格猫咪的标记,请幼儿选择自己喜欢的猫咪。在教师引导下,分组表演各种猫咪。
2.集体身体动作表现。
全体幼儿完整扮演四种性格的猫咪,教师提醒幼儿边进行身体动作表演边歌唱。
3.嗓音表现。
(1)教师与幼儿讨论:在别人只能听你的声音不能看你的表演的情况下,怎样让别人听出你唱的是哪一只猫呢?
(2)幼儿完整歌唱一遍,教师要求幼儿尽量不做动作只用声音告诉别人你唱的是什么性格的猫。
(3)教师请具有表现力的个别幼儿进行嗓音表演,请其他幼儿评价与学习。
(4)幼儿集体嗓音表演。
4.回到宠物店情境中,请幼儿扮演宠物猫,可以边做动作边歌唱,也可以只是歌唱。

活动二　五只小青蛙

（杭州市西湖区山水学前教育集团　葛玉芳　执教）

【曲　谱】

五只小青蛙

1=C 4/4

选自《奥尔夫音乐全系列》
佚　　　　　名 词曲

| 5 5 6 5 3 1 | i i 2 i 6 4 | 5 5 6 5 3 1 3 |

1.五 只　小青 蛙　　站 在　池塘 边，抓 虫 子 做 美
2.四 只　小青 蛙　　站 在　池塘 边，抓 虫 子 做 美
3.三 只　小青 蛙　　站 在　池塘 边，抓 虫 子 做 美
4.二 只　小青 蛙　　站 在　池塘 边，抓 虫 子 做 美
5.一 只　小青 蛙　　站 在　池塘 边，抓 虫 子 做 美

| 2 X X X | 5 5 6 5 3 1 | i i 2 i 6 4 |

餐　呣　喷喷 喷，一 只　小青 蛙　跳 进　池塘 里，
餐　呣　喷喷 喷，一 只　小青 蛙　跳 进　池塘 里，
餐　呣　喷喷 喷，一 只　小青 蛙　跳 进　池塘 里，
餐　呣　喷喷 喷，一 只　小青 蛙　跳 进　池塘 里，
餐　呣　喷喷 喷，这 只　小青 蛙　跳 进　池塘 里，

1.2.3.4.
| 5 5 6 5 4 3 2 | 1 X X 0 :||

还 剩　下 四 只 小青 蛙　呱　呱。
还 剩　下 三 只 小青 蛙　呱　呱。
还 剩　下 二 只 小青 蛙　呱　呱。
还 剩　下 一 只 小青 蛙　呱　呱。

5.
| 5 5 6 5 4 3 2 | 1 — X — ||

青 蛙　都 回家 找妈 妈。　　　哎。

【作品分析】

　　此歌曲为四乐句整性结构,旋律感明显;歌词有五段,内容富有动作感,如"站在池塘边""跳进池塘里"等,易于表演;歌词内容中有数字的递减,但对于中班上学期幼儿而言,一目了然,清晰可数,也增加了歌曲的趣味性。从歌曲本身来说是没有太大的难度,但旋律五次重复可能会给孩子带来演唱的疲劳感,而降低歌唱兴趣。因此此歌唱教学设计将采用动作还原的模式,将歌曲以动作的形式呈现,从演绎动作到默会歌词、理解歌曲,从而感知旋律,放声歌唱。

【图　片】

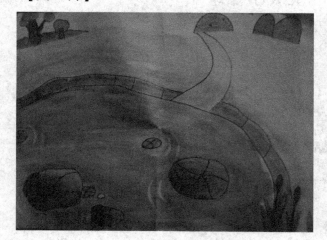

图一　池塘边背景图

图二　背面贴有磁铁的小青蛙

图三　池塘边场景

【演唱部分动作建议】

第一段：

第1小节：伸出右手，五指张开与面部平行，手跟随身体两拍一次左右摇摆。

第2小节：双手手臂弯曲交叉放至肩上，身体两拍一次左右摇摆。

第3小节：前两拍，左手做抓虫子的动作；后两拍，左右手摸肚子各两次。

第4小节：第一拍，左手摸肚子一次；第二拍，左手摸嘴，嘴说"姆"的声音；第三、四拍，左右两手按 X X　X 的节奏型轻拍嘴唇，嘴里并按 X X　X 的节奏型发出味道很好的象声词：喷。

第5小节：右手伸出食指，身体两拍一次左右摇摆。

第6小节：双手做跳进池塘的动作。

第7小节：前两拍，伸出右手，五指伸开；后两拍，左手把右手的大拇指摁进手掌，表示只剩下四只小青蛙。

第8小节：第一拍，继续做左手摁右手大拇指的动作；第二、三拍，双手手掌放至耳旁做青蛙状，嘴里发出"呱呱"的声音；第四拍，休止预备第二段的动作。

第二段至第五段：

后四段与第一段动作相同，歌词中数字变化处，动作也相应地跟着数字变化。第五段最后一句，双手手臂下垂慢慢地将双手左右摊开，手心朝前，当最后二拍嘴里发出"哎"的声音时，双手掌心朝后收回。

【歌曲表演游戏玩法建议】

1.五名幼儿站到设置好的池塘边扮演五只小青蛙，幼儿边唱边做相应的动作。

2.唱到"一只小青蛙跳到池塘里"这一句中的"跳"字的时候，小青蛙逐一跳进池塘，边唱边表演。

活动准备

1.一张池塘背景图，五只贴有磁铁的小青蛙。

2.五块塑胶地板布置成的池塘实景。

第一课时

 活动目标

1. 基于幼儿的经验能力,将歌曲进行有效的动作还原,在倾听旋律、观察动作、以动作带动歌唱的过程中学唱歌曲。

2. 重点挖掘幼儿"抓虫子做美餐"的动作表现以及象声词"嗨、喷、唉"的情绪表现。

3. 萌发幼儿喜欢唱、放声唱以及大胆自主表现的能力。

 活动过程

1. 师幼互动模仿小青蛙的叫声,出示五只小青蛙站在池塘边的背景图前,引导幼儿猜想五只小青蛙来到池塘边会做什么事情,并以验证猜想的方式自然引出歌曲。

2. 教师边示范演唱歌曲,边操作小青蛙的图片。

3. 个别幼儿讲述歌曲的内容,教师帮助总结。

4. 教师让幼儿加入动作演唱歌曲,重点让幼儿观察在"捉虫子做美餐"的时候做的动作。

5. 结合幼儿的观察和表现,带领幼儿表演"捉虫子做美餐"这一句歌词。

6. 教师再次加入动作演唱,引导幼儿回忆除了"捉虫子做美餐喷喷喷"这一句之外,其他句子的动作表现。

7. 幼儿表达,师生互动交流、演绎;注重尾句"哎"的情绪表现。

8. 师生完整演绎歌曲,找出难点进行练习。

9. 面向观众,幼儿独立演绎歌曲。(难度递增,教师要积极评价)

10. 请五名幼儿扮演五只小青蛙站在教师创设的池塘边,师幼共同边歌唱边加入动作表演。

第二课时

1.复习第一课时,用身体动作表现歌曲。
2.用嗓音表现歌曲。

1.集体身体动作表现。全体幼儿用身体动作完整表现歌曲,教师提醒幼儿边进行身体动作表演边歌唱。
2.五人一组,分组进行身体动作表现。要求双脚跳进池塘的动作合拍。
3.嗓音表现。用声音把五只小青蛙的故事表达出来。

活动三 小树叶

【曲 谱】

小 树 叶

陈镒康 词
茅光星 曲

$1=G$ $\frac{2}{4}$

```
3 3  3 2 | 1· 0  5· 0 | 3 3  3 3 | 2  -  |
秋风  起来   啦,       秋风  起来   啦,
小   树叶  沙   沙,   沙沙  沙沙   沙,

2    3 5 | 3    3 2 | 1·       6· | 1  -  |
小    树叶  离    开了  妈            妈,
好    像勇  敢    地说                话,

7·   7  | 7 7  6 5 | 6·      1 | 2  -  |
飘   (呀) 飘(呀)飘向 哪          里?
春    天   春天 我会  回          来,

2    3 5 | 3    2 | 1  -  | 1  0 ‖
心    里可  害    怕?
打    扮树  妈    妈。
```

【作品分析】

　　歌曲旋律明快、平稳,节奏不太复杂,歌词形象化,对于培养幼儿的社会性情感认知有较好的突破口,歌曲意象亦具有一定的动作发挥余地。

【图　片】

图一　第一段

图二　第二段

【演唱部分动作建议】

第一段：

1—4小节：双手上举过头，左右摇摆，两拍一动。

5—8小节：双手臂弯曲交叉放至肩上，身体两拍一次左右摇摆。

9—10小节：双手掌心向前略偏下，双手轻微推动，前一小节推动一次，后一小节推动两次。

11—12节：右手顺势绕腕外翻，手心变为朝上，向右边平推，眼随手动。

13—16小节：双手四指并拢指尖轻触胸口，两拍一动。

第二段：

1—4小节：双手上举略与头平齐，绕腕向内转动，前四拍一拍一动，第五、六拍一拍两动，第七、八拍，两拍一动。

5—8小节：前两小节，右手在身前画大圆；后两小节，右手握拳在胸前屈肘两次，两拍一动。

9—12节：双手做花心状放在下巴处，随身体左右摇摆两拍一动。

13—16小节：双手由上至下降落，同时手指微动，四拍一次降落，共两次。

活动准备

1. 图解两段歌词的图片。
2. 播放音乐的设备。

活动目标

1. 理解歌曲内容,感受两段歌曲的不同情绪。
2. 能大胆用动作表达歌词内容,并合拍地完整表演。
3. 体验歌唱以及用身体表达的快乐。

活动过程

1. 为第一段歌曲创编身体动作。

(1)教师出示小树叶图片,引导幼儿讨论秋天小树叶离开妈妈的心情。

(2)以验证猜想的方式自然引出教师的第一段范唱。

(3)幼儿根据教师范唱的歌词内容,大胆表述图片内容。

(4)根据图片内容,教师引导幼儿逐句地为歌词创编动作。

①教师在引导幼儿动作创编时,随时进行范唱,突出第一段音乐的忧伤情绪。

②教师选择出幼儿创编的符合歌曲情绪的动作。

(5)教师带领幼儿一起用身体动作表达第一段的歌词内容。

2. 为第二段歌曲创编身体动作。

(1)教师范唱第二段,范唱前提问:小树叶是怎么回答的,他的情绪也是那么悲伤吗?

(2)出示第二段歌曲的图片,请幼儿回答歌词内容(小树叶的回答),并用语言描述第二段歌曲的情绪是悲伤的还是积极乐观的?

(3)教师带领幼儿为第二段歌曲创编动作。

①教师在引导幼儿动作创编时,随时进行范唱,突出第二段音乐的积极乐观情绪。

②教师选择出幼儿创编的符合歌曲情绪的动作。

(4)教师带领幼儿一起用身体动作表达第二段的歌词内容。

3.完整表演。

(1)在教师榜样的带领下,用身体动作完整表现两段歌曲。

(2)幼儿在没有教师示范的情况下,独立地用身体动作表演歌曲。

4.分角色扮演歌曲。

(1)选出三个小朋友分别扮演三只猴子,一个小朋友扮演妈妈,其余小朋友与老师一起用歌声讲故事。

(2)再选四位小朋友,重新表演一次。

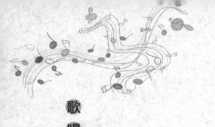

活动四 三只猴子

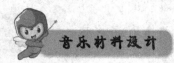

【曲　谱】

三只猴子

1=D 4/4

欧美童谣

| 5̇ 3 | 3 3 4 3 2 | 2 | 5̇ 2 | 2 2 2 3 2 1 1 1 | 1 |

1.三 只 猴 子 在 床 上 跳， 有 一只 猴子 头上 摔了 一 个 包，
2.两 只 猴 子 在 床 上 跳， 有 一只 猴子 头上 摔了 一 个 包，
3.一 只 猴 子 在 床 上 跳， 它 的 头 上 摔了 一 个 包，
4.你 们 看 床 上 静 悄 悄， 猴 子们 不知 跑到 哪儿 去 了？

| 5̇ 3 | 3 3 4 3 2 | 2 | 5 5 5 5 | 3 1 2 1 | 1 ‖

妈 妈 急 得 大 声 叫： "赶 快 下 来 别 再 跳。"
妈 妈 急 得 大 声 叫： "赶 快 下 来 别 再 跳。"
妈 妈 急 得 大 声 叫： "赶 快 下 来 别 再 跳。"
床 上 床 下 都 找 不 到， 原来在 医院床上 不能 动 了。唉！

【作品分析】

　　此曲音乐情绪幽默、诙谐，歌词具有故事性，非常适合幼儿用身体动作扮演的方式学习歌曲。

【歌唱部分动作建议】

第一段：

　　第1小节：前两拍，右手伸出三个手指头表示三只猴子；后两拍双手手掌伸直、举起手臂，弯膝两次，表示在床上跳。

　　第2小节：前两拍右手伸出一个指头表示一只猴子；后两拍右手握拳碰头表示摔了一个包。

　　第3小节：前两拍手掌伸直、双臂交叉叠在胸前，表示妈妈；后两拍双手手掌伸直放在嘴前表示大声叫。

第4小节：前两拍右手挥动两次表示赶快下来；后两拍手掌伸直、双臂弯曲在身前上下摆动表示别再跳。

第二、三段：

变化手指的数量，其余同第一段。

第四段：

第1小节：前两拍右手伸出食指在身前方左右各点一次，表示你们看；后两拍右手伸出食指放在嘴上，表示静悄悄。

第2小节：前两拍做猴子动作；后两拍双手摊开。

第3小节：前两拍右手掌放额头，上看一次下看一次；后两拍双手臂交叉摆动二次。

第4小节：第一拍左手臂伸直放在前面，第二拍右手臂伸直放在前面并让两手掌交叠，第三拍头倒向一边，第四拍不动。

活动准备

1.两张图片：一只猴子在床上跳的图片，三只猴子躺在医院不能动的图片。

2.多媒体播放设备。

活动目标

1.理解歌词内容，感受歌曲幽默、诙谐的风格。

2.能够用自己的动作表达歌曲的内容，进行动作创编。

活动过程

1.图片导入，讨论发生的事情，引导幼儿理解歌曲内容。

教师引导幼儿观察图片，适时地抛出这些问题：

图片上有谁？它们在干什么？它们怎么了？

2.教师完整范唱歌曲，请幼儿为歌词创编动作。

(1)教师范唱。

(2)教师引导幼儿边看图边为歌词创编动作。

①每个动作出现时教师需要分句歌唱。

②每个动作出现后教师需要精简提炼动作,并让幼儿的动作合上节拍。

③最后教师提炼一套歌曲动作,与幼儿一起表演。

3.学习歌曲的完整身体动作表演。

(1)以教师为榜样,幼儿合拍地进行身体动作表演。

(2)教师停止示范,请幼儿独立地进行合拍的身体动作表演。

4.分组分角色表演。

(1)邀请三位幼儿扮演三只猴子,全体幼儿歌唱并表演第四段。

(2)根据幼儿的意愿分成三组,每组表演一段,第四段一起表演。

活动五 不再麻烦妈妈

(杭州市西湖区西溪花园幼儿园 黄培飞 设计并执教)

【曲　谱】

不再麻烦妈妈

1=C 2/4
亲切地

颂今、千红 词
颂　　今 曲

(3 4 3 2 | 1 1 7 6 | 5 5 2 3 | 1 -) 5 5 6 |
　　　　　　　　　　　　　　　　　　　　　妈　妈

5 3 0 1 | 4. 3 | 2 0 | 5 5 1 | 5 3 0 1 |
妈 妈 你 歇　 会　 儿　 吧， 自 己 的 事 儿 我

4. 3 | 2 0 | 3 4 3 2 | 1 1 | 3 4 3 2 |
会　 做　 了，　 自 己 穿 衣 服 呀， 自 己 穿 鞋

1 1 | 3 2 3 4 | 5 5 | 3 2 3 4 | 5 5 |
袜 呀， 自 己 叠 被 子 呀， 自 己 梳 头 发 呀，

1 - | 5 - | 4 3 2 | 6 |
不　 再　 麻 烦 你 呀，

5 4 0 3 | 2 3 | 1 - | 1 0 ‖
亲 爱 的 好 妈 妈。

【作品与设计思路分析】

此歌曲活泼欢快，节奏型清晰，歌词简单易懂，贴近幼儿生活，中间几句呈现的排比句式，更让幼儿喜欢。此曲可采用动作表演的方法将歌曲用一句一个动作的模式表现出来，使幼儿通过身体动作的创编与表达，感受到音乐的节奏，并使音乐特征借助身体动作保留在脑中。教师可用情境创设和图片运用

的教学策略引导幼儿轻松学唱歌曲。用简单的故事情境激发幼儿学会生活中的本领,自己的事情自己做,让妈妈开心笑起来;用简单的图片,呈现歌词,帮助幼儿在学唱歌曲时减少记忆歌词的负担,轻松而愉悦。用角色表演来激发幼儿大胆演唱,学唱歌曲,并大胆将情感表达出来,体验与老师、同伴共同游戏的快乐。最后再次利用图谱,将自己会的事情编到歌曲里,感受创编歌曲的成功与乐趣。

【图　片】

图一　妈妈不开心的表情图

图二　妈妈开心的表情图

图三　宝宝图片

图四　小朋友会做的事情简笔画

【演唱部分动作建议】

第1、2小节:双手交叉抱胸前,手掌两拍一次轻轻拍肩膀或胸前。

第3、4小节:双手手臂在身体前方打开,手掌跟节奏摊两下。

第5、6小节:同第1、2小节。

第7、8小节:同第3、4小节。

第9、10小节:手搭肩膀两次,表示穿衣服。

第11、12小节:弯腰,双手放到小腿边,跟节奏拍小腿两下,表示穿鞋袜。

第13、14小节:第1小节,一只手手心向上,另一只手手心向下击掌一次;第2小节反过来进行一次,表示叠被子。

第15、16小节:一只手握拳头状,在自己的头旁边梳两下,表示梳头发。

第17、18小节:两手伸直在身体前方,手掌摆动,表示不要。

第19、20小节:双手摊开在身体前方。

21—24小节(结束):双手交叉抱胸前,手掌两拍一次轻轻拍肩膀或胸前。

活动准备

1.妈妈图片二张,宝宝图片一张,幼儿会做的事情图片十张左右。

2.多媒体播放设备。

活动目标

1.为歌词内容创编动作。

2.积极参与歌唱表演,能合拍地用身体动作表达歌曲。

3.知道自己渐渐长大,愿意做一些力所能及的事,不过多地麻烦妈妈。

活动过程

1.出示烦恼的妈妈头像,请幼儿观察。提问:她是谁,她怎么了?

2.出示宝宝头像,教师公布答案:原来是宝宝什么事情都要妈妈帮忙,不肯自己做,让妈妈很累。提问:你们有什么本领可以教给宝宝吗?让宝宝也学着自己的事情自己做。

3.幼儿说出一样教给宝宝的本领,教师就用简笔画出来,或出示已画好的图片。

4.教师清唱第一遍,边唱边做动作。

(1)宝宝说她选择了其中四样本领先来学一学,而且还编成了好听的歌曲,请你听听她学会了哪四样本领?(教师边唱边做动作)

(2)提问:宝宝学会了哪几样本领?

(3)幼儿回答后教师逐一把宝宝学会的本领图片放到另外一个黑板上。

5.教师清唱第二遍后提问:宝宝学会的四样本领先后顺序是怎样的?

(1)宝宝先学会了什么,后学会了什么?

(2)幼儿回答,老师排列图片,并小结。

6.幼儿跟老师学唱两遍。(宝宝想让妈妈高兴起来,但一个人不好意思向妈妈唱出自己的本领,小朋友来帮帮她。)

7.表演唱。老师当妈妈,请一名幼儿上来当宝宝,面对面表演唱。(宝宝的妈妈可真幸福,要是我有一个这么乖的宝宝,我也能成为幸福的妈妈了,不知道哪位小朋友愿意来当我的宝宝,把学会的本领唱给我听呢?)

8.老师当妈妈,全体幼儿当宝宝,合作表演歌曲。

9.教师引导幼儿摆图谱,创编歌词,并把摆好的图谱内容有节奏地读一遍。

10.尝试演唱创编好的歌曲。

11.教师小结,结束活动。

活动六　鸡　和　蛋

（宁波市宝韵音乐幼儿园　冯婷婷　执教）

【曲　谱】

鸡　和　蛋

$1=C \quad \dfrac{2}{4}$　　　　　　　　　　　选自《奥尔夫音乐全系列》
　　　　　　　　　　　　　　　　　　　　　佚　　　　　名　词曲

```
5    3   | 5   03 | 55 66 | 5   0   |
先   有    啥?    是   小鸡  还是    蛋?

5    3   | 5   05 | 3⌢3 22 | 11  5   |
先   有    啥?    是   蛋  还是    小鸡  喔。

1⌢1  11  | 1    11 | 22 21 | 35  0   |
鸡   生下  蛋,  然后  蛋里 孵出  小 鸡。

5    3   | 5   05 | 33 22 | 1   0   ‖
先   有    啥?    是   小鸡  还是    蛋。
```

【作品分析】

这是一首可以边唱边玩的幼儿歌曲，歌曲以一个充满趣味与耐人寻味的问题：到底是先有鸡还是先有蛋？贯穿始终。其间还包含着丰富的科学知识，如小鸡生蛋然后蛋里孵出小鸡。除了小鸡，还有哪些小动物会生蛋呢？这些都是最令幼儿感兴趣的话题。

【图 片】

【歌词的动作建议】

先有啥：用食指指着脑袋，表示动脑筋。

小鸡：双手食指并拢放在嘴前，表示小鸡。

蛋：双臂高举，双手掌在头顶处弧形对接，表示圆圆的鸡蛋。

1.一个图谱、两块黑板。

2.默唱的经验、卵生动物的相关知识。

1.感受歌曲活泼轻快的旋律，在歌唱中了解鸡和蛋之间的关系。

2.在游戏中理解歌曲，初步学习局部默唱，发展对声音的控制能力。

3.在问答过程中引发幼儿歌唱的兴趣和好问的习惯。

活动过程

1.引出话题,主动倾听。

有一个问题把老师给难倒了,你们想知道是什么问题吗?老师把它唱出来吧!

2.游戏感知,欣赏歌曲。

(1)完整欣赏。

(2)动作感知。

①一个幼儿和老师对集体。

②几名幼儿对集体。

③幼儿分两组,用动作感知歌曲。

3.图谱理解,初步学唱。

(1)(出示图谱纠错)看看有没有问题?有什么问题?还少什么?

(2)幼儿看图谱轻轻跟唱验证,填充图谱。

(3)重点解决第三句难点,多次练唱。

(4)学习默唱:按照幼儿意愿分类别选择默唱内容,探索默唱方法。

(5)图谱退位,边做动作边演唱歌曲。

(6)回到原曲速度演唱歌曲。

4.替换名词,挑战演唱。

(1)尝试仿编:还有哪些动物会生蛋宝宝?哪些地方需要替换歌词?

(2)教师小结。

活动七 小鱼的梦

【曲　谱】

小鱼的梦

1=F 3/4　　　　　　　　　　　　　　　　　　　佚　名词曲

3 5 5　5 | 6 5 3 1 6 | 5 1 2 3 3 2 | 2 — — |
鱼儿玩　呀，　玩了一天水，　池塘妈妈怀里　睡。

3 2 5 6　5 | 6 5 3 1 6 | 5 1 2 3 3 2 | 1 — — |
天上星　星，　星星落下来，　为它盖条珍珠　被。

5 3 5 — | 3 1 3 — | 2 2 2 5 | 1 2 2 — |
呜，　　　呜，　　　风儿唱 支　摇篮 曲。

5 6 3 5 | 1 2 2 — | 3 5 5 6 5 | 6 5 3 1 6 |
轻轻吹 呀，慢慢吹，　鱼儿梦　中，　梦中看见了，

5 1 2 3 3 2 | 1 — — | 5 3 5 — |
妈妈 在亲 它的　嘴。　　　　　 呜，

3 1 3 — | 5 1 2 3 3 | 3 2 1 — ‖
呜，　　　 妈妈 在亲　　它的嘴。

【作品分析】

《小鱼的梦》以小鱼在池塘中游玩后进入甜美、温馨的梦乡为主要内容，形象鲜明突出，旋律优美，有拟音演唱的部分，情节简单，充满童趣，易于理解。此曲贴近幼儿的生活，幼儿能够利用已有经验，增强学习过程的主动性；此曲的歌词能激发孩子的想象力，激发幼儿对未来生活的畅想。总之，此曲具备既符合幼儿的兴趣和现有经验，又有助于形成符合教育目标的新经验的特点，适合中班幼儿欣赏与歌唱。

【图　片】

图一　　　　　　　　　　　图二　　　　　　　　　　　图三

图四　　　　　　　　　　　图五　　　　　　　　　　　图六

【歌曲表演建议】

1.幼儿自己创编"鱼儿在哪里""干什么"并唱进歌曲里。

2.把歌曲三拍子的旋律准确地唱出来。

活动准备

1.关于小鱼梦境的图片。

2.播放多媒体设备。

3.池塘背景布置。

4.带小鱼、鱼妈妈、风娃娃、星宝宝的头饰及装饰物。

活动目标

1.理解歌词的含义与意境。

2.感受歌曲安静、优美的旋律和意境以及摇篮曲的音乐风格。

3.尝试为歌词内容创编动作,体验边身体动作表演边歌唱的愉悦情绪。

活动过程

1.谈话导入,引出主题,激发兴趣。

2.欣赏并感受歌曲优美的旋律和意境。

(1)教师播放歌曲旋律,幼儿欣赏歌曲,感受三拍子歌曲的特点。

(2)教师边出示图片边讲述故事,帮助幼儿理解歌词内容。

3.教师完整演唱歌曲,幼儿完整欣赏并理解歌词内容。

4.教师分段演唱歌曲,并进行身体动作创编。

(1)幼儿扮小鱼边听老师范唱边创编动作。

(2)教师分句范唱,并选择幼儿创编的动作中最符合音乐特征的动作进行身体动作表演。

(3)幼儿跟随教师进行完整歌曲的身体动作表演。

(4)幼儿进入池塘背景中,并自选头饰及装饰物,扮小鱼、鱼妈妈、风娃娃、星星宝宝等角色,听音乐在美丽的池塘里自由表演,进一步表达对歌曲的理解与感受。

5.幼儿进一步感受歌曲,尝试仿编歌词。

(1)幼儿尝试改变歌词,想象新意境并用语言表达出来。

(2)教师把幼儿创编的新意境、新歌词唱到歌曲中。

活动八 理 发 师
（浙江省嘉善县玉兰幼儿园　钱唯娴　执教）

【曲　谱】

理 发 师

1=D 2/4

澳大利亚民歌
华　　音译配

```
5 5 5 5 | 6 6 6 6 | 5  3  | 5  3  | 3 3 3 3 |
理发店的  叔叔阿姨  咔 嚓   咔 嚓，  手里拿着

4 4 4 4 | 3  1  | 3  1  | i  -  | 6 7 i 6 |
一把剪刀  咔 嚓   咔 嚓；  哎，    就快剪好

5  -  | 5 6 5 4 | 3  1  | 1  1 1 | 1  - ‖
了，    拿起刷子  刷 刷   刷 刷刷  刷。
```

【作品分析】

这是一首适合幼儿角色游戏的情景性歌曲，歌词中表达的是理发店里的叔叔阿姨用剪刀、刷子等工具为顾客理发的情景。其中"哎，就快剪好了"这一句表达的是理发师对顾客的对话状态，用肢体和眼神可以很好地来进行角色表演。本活动为一个课时。

【图　谱】

【动作建议】

理发师：

第一句：第1小节右手把左手的衣袖往上捋，第2小节相反方向一次，右

手剪刀状剪两次。

第二句:前两小节右手继续做剪刀状,左右各摇摆一次;后两小节剪刀状剪两次。

第三句:第1小节右手五指张开放在嘴边,第2、3小节左右摇头各一次。

第四句:第1小节双手五指张开放在胸前,后3小节,每小节刷一次,先刷三次。

顾客:

双手做照镜子状,点头微笑,"哎,就快剪好了"这一句顾客与理发师眼睛对视并点头。

1. 经验铺垫:幼儿参观过理发店。
2. 两个半圆的座位。

1. 能积极、愉快地参加歌唱活动,并能用轻快的声音演唱歌曲。
2. 运用肢体动作表现歌曲内容,并尝试与同伴合作扮演理发师和小顾客的角色。

1. 谈话引出,理解歌词。

(1)理发店里有谁啊?

(2)理发师都用哪些理发工具呢?剪刀是怎么唱歌的?幼儿边做动作边有节奏地念"咔嚓、咔嚓"。

(3)哦,还有刷子。刷子也会唱歌哦!幼儿学习 × × | × × × | × - | 的节奏。

(4)把歌词内容念一遍。

2.感受旋律,学唱歌曲。

(1)我们去理发店玩一玩。教师完整清唱一遍。根据幼儿回答,教师演唱一句,幼儿学习一句。

(2)理发师邀请一名幼儿扮演顾客,教师边唱边表演动作一遍。

(3)教师带领幼儿演唱两遍。每次唱完后,教师就对幼儿演唱情况给予反馈和评价。教师自然退位,幼儿用欢快的情绪演唱歌曲。

3.角色游戏,体验愉快的情绪。

(1)请两名幼儿示范表演理发师和顾客,然后全体幼儿演唱。

(2)前排幼儿扮演顾客,后排幼儿扮演理发师做一遍游戏。

(3)交换角色后再做一遍游戏。

活动九 我 爱 你

【曲 谱】

我 爱 你

选自CCTV《智慧树》
佚 名 词曲

$1=^bE \dfrac{2}{4}$

| 3 3 1 5 | 3 — | 3 3 1 5 | 2 — | 3 3 1 5 |
1.我爱你爸 爸， 我爱你妈 妈， 我爱你小
2.我爱你红 花， 我爱你绿 草， 我爱你老

| 4 — | 3 1 2 7 | 1 — ‖ 3 3 3 | 4 4 4 | 3 3 2 1 5 |
鸟， 我爱你大 象。 我爱你 幼儿园， 我爱你祖国
师， 我爱你伙 伴。

| 2 2 2 | 3 3 3 | 4 4 4 | 3 3 1 2 7 | 1 1 1 ‖
的花园， 我爱你 幼儿园， 我爱你祖国 的花 园。

【作品分析】

这是这一首关于爱的歌曲，通过罗列所有需要爱的对象教育幼儿需要爱什么。

【动作建议】

第一段：

第1小节：双手高举双掌并在头顶，掌心朝下，表示爱的动作。

第2小节：双手握拳伸出大拇指，表示爸爸的动作。

第3、5、7小节：同第一小节。

第4小节：双臂交叉放在胸前，表示妈妈的动作。

第6小节：双臂左右伸直，一拍提一下手腕，表示小鸟飞的动作。

第8小节：双手握拳下垂，表示大象鼻子，左右各摇摆一次。

第二段：

动作模型同第一段，新动作如下：

红花：双手放在下巴下面，表示花朵。

绿草：双臂举直，左右方向各压手腕一次。

老师：少先队员敬礼的动作。

伙伴：做抱着圆圆的东西的动作。

第三段：

第1小节：爱的动作。

第2小节：双臂从左右两个方向，同时由上至下打开。

第3、4小节：做花朵的动作，一拍摇晃一次，共晃四次。

5—8小节：同1—4小节。

活动目标

1.用身体动作表达所有爱的对象。

2.合拍地用身体动作表现歌词内容。

活动过程

1.讨论谁爱着我们小朋友。

(1)有谁爱着我们小朋友？

(2)那么我们小朋友需不需要爱他们呢？

2.用身体动作表达出我们要爱的人与物。

3.教师范唱，用歌声说出我们的爱。

(1)教师范唱，请幼儿说说歌曲中我们都爱了谁？

(2)请幼儿用身体动作表达歌曲内容。

4.在教师引导下，用身体动作连贯地表达歌曲内容。

5.幼儿用身体动作完整表演歌曲。

活动十 布娃娃

(杭州市西湖区紫荆幼儿园 沈燕金 执教)

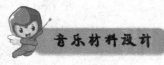

【曲谱】

布娃娃

选自《中国儿童资源网》
佚　　名 词曲

1=C 4/4

(i. 6 4. 6 | 5 3 1 3 | 2. 4 7 2 |

1 - - -) | 3 3 3 5 2 2 | 3 3 3 5 2 2 |
　　　　　1.我的小布娃　娃，我的小布娃　娃，
　　　　　2.我的小布娃　娃，我的小布娃　娃，

3 5 i 5 6 3 | 3 2 3 6 5 - | 5 3 2 3 1 - ‖
两片红红小　脸，像朵玫瑰花。好好睡觉吧。
闭上你的眼　睛，

【作品分析】

这首歌曲具有强烈的生活化气息,歌曲旋律简单优美,适合幼儿学唱。歌词内容中最难理解的是把娃娃的小脸比作玫瑰花这一句,针对这句歌词建议让幼儿观察娃娃小脸的颜色和玫瑰花的颜色的共同点,从而让幼儿理解歌词内容。整首歌曲氛围宁静,适合在设定的情境中让幼儿感受歌曲意境。

【场景模拟及幼儿跟唱歌曲操作建议】

①本歌唱活动作为一课时,重点是让孩子沉浸在摇篮曲的歌曲氛围中,体验哼唱歌曲哄娃娃睡觉的感觉。所以在情境氛围中表演歌曲时,教师不需要让幼儿大声歌唱,主要引导孩子跟随歌曲旋律做一些身体律动,并能自然跟唱即可。

②为了让环节之间链接更自然,需要播放一小段婴儿哭声,让幼儿身临其境,自发地去帮助布娃娃睡觉。

活动准备

1.场景布置准备。
(1)一张摆放插有玫瑰花花瓶的小方桌。
(2)桌子旁边摆放一个装有布娃娃的婴儿床。
(3)用KT板裁割几块草地,固定站立摆放在方桌和床的另一边,后面摆放多个布娃娃。
2.多媒体播放设备。

活动目标

1.在情景游戏中欣赏并学习跟唱歌曲。
2.通过学唱歌曲,懂得爱护别人、关心别人。

活动过程

1.律动《兔子跳跳跳》。
跟随音乐的节奏模仿教师动作,感受音乐欢乐的气氛。
2.新教歌曲《布娃娃》。
(1)出示布娃娃,引起兴趣。
师:这是谁?我的布娃娃玩累了,怎么办呢?(哄它睡觉)
(2)欣赏歌曲,感受优美的旋律,理解歌曲内容。
①教师:我的布娃娃不愿意睡觉,为什么啊?原来它要我一边唱歌一边哄它睡觉,小朋友,请你听一听,我是怎么哄布娃娃睡觉的?
②教师设问,帮助幼儿理解歌曲内容。
布娃娃的小脸红红的,像什么?(两片红红小脸,像朵玫瑰花。)
为什么像玫瑰花?(颜色也是红红的)
我们对布娃娃说眼睛要怎么样?(闭上你的眼睛,好好睡觉。)

③教师:这首歌曲可真神奇,用好听的声音唱出来布娃娃就睡着了。那就让我们一起跟着音乐来唱一唱吧。

④(播放婴儿哭声)咦!谁在哭呀?原来这里有一个布娃娃睡不着,怎么办呢?那就请我们小朋友边唱歌边哄它睡觉吧。

(3)在情境氛围中学唱歌曲,懂得关心爱护他人。

①师:在草丛后面还有很多布娃娃玩累了,我们一起哄布娃娃睡觉吧。

②幼儿人手一个布娃娃,听着音乐,跟唱歌曲。

(4)教师:你们的布娃娃都睡着了吗?让我们一起抱着娃娃到午睡室去吧。

在音乐声中带领幼儿轻轻地、慢慢地走出活动室。

活动十一　好吃的蔬菜色拉

（杭州市红缨幼儿园　何倩 设计并执教）

【曲　谱】

好吃的蔬菜色拉

选自《巧虎欢乐童谣》
佚　名 词曲

1=C 4/4

(6 1 1 2 1. 6 5 | 3 5 5 6 5 3. | 2 2 3 2 1 6 5 | 1 - - -)

3　2 3 2 1　1　|　3　2 3 2 1　1　|　6 1　1 1　2 3　3　|

1.做　好吃的色拉，　做　好吃的色拉，　南瓜，黄瓜，西红柿，
2.做　好吃的色拉，　做　好吃的色拉，　南瓜，黄瓜，西红柿，
3.做　好吃的色拉，　做　好吃的色拉，　南瓜，黄瓜，西红柿，

6 1　1 1　2 3　3　|　X X　X　X -　|　6 1　1 2　1 -　|

好吃的蔬菜 集合 啦,(念白)我爱吃 南 瓜，　胖胖 的南 瓜嘿，
好吃的蔬菜 集合 啦,(念白)我爱吃 黄 瓜，　长长 的黄 瓜嘿，
好吃的蔬菜 集合 啦,(念白)我爱吃 西红柿，圆圆 的西红柿嘿，

3 5　5 6　5 -　|　2 2 3 2 1　2 2 3 2 1　|　2　2 3　1 -　|

胖胖 的南 瓜，　又矮 又胖、又矮 又胖，营 养 多。
长长 的黄 瓜，　又细 又长、又细 又长，营 养 多。
圆圆 的西红柿，　又红 又圆、又红 又圆，营 养 多。

转1=F

3 5　5 - -　|　2 3 2　2　|　6 6 7 6 5　6　|

洗一 洗,(念白)洗洗洗,切一 切,(念白)切切切,加点 色拉 酱，

6 6 7 6 5　6 3 2　2　|　3 3 2 3 3　2　6 7　|　5 - - -‖

放在 碗里拌一 拌，　好吃的色拉做 好　啦。

105

【作品分析】

此曲为一段曲调的三次重复加一个结尾。全曲旋律感明显,采用歌唱加念白的演唱形式。

歌曲歌词简单、工整,重复且富有动作感,与幼儿生活经验接近,易于幼儿表现。歌词当中每一段的前几句都是重复不变的,只有到"我爱吃……"时发生变化。这样的念白对幼儿来说充满了好奇、期待、童趣与想象。而形态迥异的三种水果给了幼儿天马行空的想象与表现。

【图　谱】

【演唱部分动作建议】

第一段:

间奏+前两句重复的"做好吃的色拉":伸出双手掌心相对,在耳边根据音乐节奏做搓洗动作,身体随手向左向右交替倾斜合乐进行表演,两拍一次。

第三句:前半句"南瓜、黄瓜、西红柿",左手叉腰,右手伸出食指边唱边点,身体向前倾斜,眼随手指的位置望去。后半句"好吃的蔬菜集合啦",伸出双手做抱娃娃状。

第四句:"我爱吃南瓜",先将手心放于胸口,再用食指指向南瓜;"胖胖的南瓜、胖胖的南瓜",左右脚重拍交替踩踏,手臂保持圆形在胸前环抱,"又矮又胖,又矮又胖,营养多",身体做下蹲状,抱南瓜自然摆动,双手竖大拇指伸出。

第二段:

间奏+前两句重复的"做好吃的色拉":同第一段。

第三句:同第一段。

第四句:"我爱吃黄瓜",先将手心放于胸口,再用食指指向黄瓜;"长长的黄瓜、长长的黄瓜,又细又长、又细又长",站立,双手合掌举过头顶,左右合乐各三次;"营养多",双手竖大拇指伸出。

第三段:

间奏+前两句重复的"做好吃的色拉":同第一段。

第三句:同第一段。

第四句:"我爱吃西红柿",先将手心放于胸口,再用食指指向西红柿;"圆圆的西红柿、圆圆的西红柿,又红又圆、又红又圆",双手做出握圆的动作,左右合乐各三次;"营养多",双手竖大拇指伸出。

结　尾:

"洗一洗,洗洗洗":伸出双手,掌心相对,合着音乐做洗蔬菜动作。

"切一切,切切切":两只手做刀,合着音乐做切蔬菜动作。

"加点色拉酱,放在碗里拌一拌,好吃的色拉做好啦":双手做挤色拉状后,左手做抱碗状,右手伸出食指做搅拌状。

"好吃的色拉做好啦":双手手心朝上似托举盘子,闻一闻香香的蔬菜色拉。

【歌曲表演游戏玩法建议】

1.请一名幼儿表演做色拉的小厨师,其他幼儿自主选择所要扮演的其中一种蔬菜;大家一起边唱边表演动作。

2.当做色拉的小厨师说道:"我爱吃南瓜",扮演南瓜的幼儿出来边唱边表演南瓜的动作。(后面两段的黄瓜与西红柿玩法同上)

3.最后一段,大家共同表演。

活动准备

1.一张图谱,三张背后分别贴有南瓜、黄瓜、西红柿图片的椅子。

2.幼儿已经具有自己做蔬菜色拉的经验,并有做色拉时的照片。

3.播放多媒体的设备。

活动目标

1. 用身体动作表现三种蔬菜的外形并合乐表演。
2. 理解间奏部分等待而歌唱部分进行身体动作表演的表现形式。

1. 出示做蔬菜色拉的照片。

（1）唤醒幼儿经验，引导幼儿回忆做蔬菜沙拉的食材以及做蔬菜色拉的一般步骤。

（2）重点对南瓜、黄瓜、西红柿三种蔬菜的外形特征用动作进行表述。

2. 完整倾听歌曲。

（1）教师清唱歌曲一遍，幼儿倾听。让幼儿明确歌曲当中三种蔬菜的排列顺序。

（2）分段播放：第一段，结合图片重点详解；引导幼儿学习南瓜的部分，在第二段黄瓜与第三段西红柿当中采用简略、快速移动可变的图片，引导幼儿自主创编动作。帮助幼儿明确在歌曲中哪些内容是不变的，哪些内容是需要变化的。

（3）完整跟随音乐表演歌曲1～2遍。

3. 表演与游戏。

（1）游戏表演一。

①游戏玩法：教师作为做色拉的厨师，其他幼儿自主选择蔬菜角色站到相应的圈内，当大家一起唱到"我要吃……"时，扮演该蔬菜的幼儿做相应动作进行游戏。

②请三名幼儿代表三种蔬菜与教师进行互动示范。

③全体幼儿游戏一遍。

④请一名幼儿作为"小厨师"，进行游戏。

（2）游戏表演二。（可作为延伸活动）

①游戏玩法：所有幼儿围圈形成一只大碗，圈中的幼儿想好自己所扮演的蔬菜角色，当唱到该蔬菜时，该蔬菜宝宝走进圈中表演该动作。游戏可变换角色，反复进行。

②全体幼儿玩一遍。

活动十二 影 子

【曲　谱】

影　子

美国儿童歌曲
王秀萍译词

$1=\flat B \dfrac{4}{4}$

5 | 1 1 1 1 | 1 - - 5 | 3 3 4 2 | 3 - - 5 |
我　有时长得高，　　我　有时变得矮，　我

1 5 1. 5 | 1 5 3 - | 5 5 5 5 | 1 - - ‖
长　得　高，我　变得矮，　你来猜一猜。

【作品分析】

这是一首关于"影子"变高变矮的儿童歌曲，可以通过这首歌曲引导幼儿探究"影子"的奥秘。引导幼儿在探究"影子"产生、变高矮的过程中感受这首歌曲，具有"教无痕"的效果。另外，幼儿能对"影子"变高时的代表音"1"与"影子"变矮时的代表音"3"做出辨别，有利于培养幼儿对音高的高低"空间"意识。

【动作建议】

第一句：尽量往上伸展身体，表现高影子。

第二句：尽量往下蜷缩身体，表现矮影子。

第三句：根据歌词快速变成高影子、矮影子。

第四句：右手食指伸出在右耳旁转圈，表示动脑筋猜一猜。

【活动准备】

1. 大功率手电筒若干。
2. 歌曲伴奏带。

活动目标

1. 根据歌词提示,用身体动作表达高矮影子。
2. 根据教师的高低两音,用身体动作表现高矮影子。

1. 影子的科学探究活动。

(1) 教师拿手电筒照明,使幼儿产生影子。

把活动室的窗帘拉下,教师准备几个大功率的手电筒,并与幼儿一起探究影子产生的原理:当光线被物体挡住时会产生影子,请幼儿挡住手电筒的光线,然后在墙上留下了影子。当光线的角度变换时,影子的大小也会产生变化。

(2) 请幼儿轮流拿手电筒,做影子产生与变化的实验。

①分别请几位幼儿拿着手电筒实验怎么变化手电筒的角度让影子变高、变矮。

②请不拿手电筒的幼儿随着自己影子的变高身体也尽可能向上伸展,随着自己影子的变矮身体也尽可能向下蜷缩。

2. 教师范唱歌曲。

(1) 正当幼儿玩得欢的时候,教师清唱歌曲。要求幼儿在实验中使影子的高矮与歌词中影子的变高、变矮相吻合。

(2) 不用手电筒,请幼儿根据教师所唱歌曲的歌词内容来伸展与蜷缩身体。

(3) 请幼儿独立根据教师所唱旋律的高低来伸展与蜷缩身体。

3. 根据"$\dot{1}$"、"3"两音做高矮影子。

(1) 请幼儿根据高音"$\dot{1}$"与低音"3"两个音来做身体伸展与蜷缩动作。

(2) 请幼儿独立根据钢琴上的两个音来做身体伸展与蜷缩动作。

4. 幼儿边歌唱边做身体动作表演。

(1) 请幼儿边表演影子边歌唱。

(2) 请部分幼儿歌唱而另一部分幼儿表现影子。

活动十三　猪小弟变干净了

（杭州市西湖区学前教育指导中心　沈颖洁　执教）

【曲　谱】

猪小弟变干净了

1=C 2/4

佚　名词曲

```
(2.3 65 | 32 1) | 1 3 5.6 | i 3 5 | i i i 3 | 5 6 5 |
```

1. 猪小弟（呀）猪小弟，想和小兔　做游戏。
2. 猪小弟（呀）猪小弟，想和小羊　做游戏。
3. 猪小弟（呀）猪小弟，想和小猫　做游戏。
4. 猪小弟（呀）猪小弟，想和小猴　做游戏。

```
5 53 2.3 | 5 53 2 | 2.3 65 | 32 1 | × × × × | × - ‖
```

小兔　说，　哎呀呀，　你的身上　都是泥，　快去洗洗　吧！
小羊　说，　哎呀呀，　你的脸上　脏兮兮，　快去洗洗　吧！
小猫　说，　哎呀呀，　你的身上　有臭气，　快去洗洗　吧！
小猴　说，　哎呀呀，　你的脸上　拖鼻涕，　快去洗洗　吧！

【作品分析】

此作品由五段旋律相同的歌词组成，每一段歌词都短小精悍，旋律朗朗上口，歌词易于理解、便于记忆。其中，每段歌词既有简单重复的部分又有一定的变化，分别指向小猪"身上都是泥、脸上脏兮兮、身上有臭气、脸上拖鼻涕"，既押韵又富有童趣。尤其最后一句念白"快去洗洗吧！"更有互动性和表现力。因此，这个作品是中班幼儿喜爱并乐意表现的音乐学习素材。

歌唱教育活动

【图　片】

猪小弟面具造型。

歌词内容图片。

活动准备

1.与音乐歌词内容相配的PPT。

2.一个沐浴球。

3.小猪面具、小猪造型。

活动目标

1. 理解歌曲表达的内容,感受歌曲的趣味性和歌词重复的结构特点。
2. 能随乐进行游戏传递,并能大声地念出念白。
3. 在集体游戏中体验随乐游戏的快乐,并感受同伴之间的亲密友谊。

活动过程

1. 介绍猪小弟,引出歌词内容。

(1) 出示猪小弟形象,引导孩子观察猪小弟不讲卫生的形象。

(2) 引出歌词内容,大致感受歌曲所要表达的主题。

重点引出"身上都是泥、脸上脏兮兮、身上有臭气、脸上拖鼻涕"和"快去洗洗吧!"

2. 欣赏动画,感受歌曲的情趣。

(1) 完整欣赏动画。

教师:说说哪里最有趣?

小动物觉得猪小弟哪里不干净?出示相应画面。

(2) 引导孩子一起来趣味性的表述念白:快去洗洗吧!

① 教师反复哼唱前半段,在念白处鼓励孩子一起念。

② 为大胆念出念白的孩子送上泡沫球。

③ 在间奏处一起帮助小猪洗澡。

(3) 再次欣赏动画,为猪小弟高兴。

3. 游戏:"猪小弟变干净了"。

幼儿围成圆圈,一幼儿戴上面具变成小猪站在圆心,其他小朋友随音乐传递沐浴球,念白处轮到谁,谁就站起来大声念出念白,并在间奏时给小猪洗澡。音乐结束后,小猪猜猜刚才是谁给它洗澡的。被猜出来的小朋友当小猪进行第二轮游戏。

活动十四 小小音乐家

【曲 谱】

小小音乐家

1=C 2/4　　　　　　　　　　　　　　　　　佚 名词曲

(5 6　4 0 | 5656　4 0 | 4 2　1 4 | 2 -) | 2 4　2 1 |
　　　　　　　　　　　　　　　　　　　　　　1.走 来 一 只
　　　　　　　　　　　　　　　　　　　　　　2.走 来 一 只
　　　　　　　　　　　　　　　　　　　　　　3.走 来 一 只

2 1　2 | 5 6　6 5 | 4 2　4 | 5 6　4 0 | 5 6 5 6　4 0 |
小 兔，　手里 拿着　喇 叭，　这边 吹　嘀嘀嘀嘀 嗒，
小 猴，　手里 拿着　腰 鼓，　这边 敲　咚咚咚咚咚，
小 熊，　手里 拿着　二 胡，　这边 拉　吱扭扭扭扭，

5 6　4 0 | 5 6 5 6　4 0 | 4 2　1 4 | 2 - ‖
那边 吹　嘀嘀嘀嘀 嗒，　小 小 音 乐　家。
那边 敲　咚咚咚咚咚，　小 小 音 乐　家。
那边 拉　吱扭扭扭扭，　小 小 音 乐　家。

【作品分析】

　　此歌曲结构为一段旋律的三次重复、旋律感强，很容易使幼儿感知与记住旋律。歌词内容采用三段排比式，形象生动地展现了小兔、小猴、小熊三位小小音乐家的表演。呈现出了小兔吹喇叭、小猴敲腰鼓、小熊拉二胡三幅富有趣味性的画面，能满足幼儿对动物的兴趣，吸引幼儿的注意力，激发幼儿扮演小小音乐家角色的欲望。

　　从歌曲本身来讲，结构性强，难度不是很大，但是这首歌曲的难点是让幼儿区分小兔、小猴和小熊不同的乐器表演，熟记不同乐器发出的不同音色，能根据歌曲内容进行动作表演。

【演唱部分动作建议】

第一段：

走来一只小兔：前两拍上身保持不动，按照一拍一次的节奏原地踏步。后两拍伸出两根手指放在头顶做出小兔的形象。

手里拿着喇叭：做出吹喇叭的动作，跟着节拍摇头，一拍一次。

这边吹，滴滴滴滴答：前两拍朝左边十指在嘴前自然弯曲做出吹喇叭的动作，后面两拍有节奏地念出歌词"滴滴滴滴答"，手指跟随节拍抖动。

那边吹，滴滴滴滴答：动作与"这边吹，滴滴滴滴答"相同，方向相反。

小小音乐家：双手平放，自然下垂，一拍两下左右点头。

第二段：

走来一只小猴：前两拍上身保持不动，按照一拍一次的节奏原地踏步。后两拍左手平放胸前，右手反向位于额前做出小猴的形象。

手里拿着腰鼓：双手握成拳做出敲腰鼓的动作，跟着节拍摇头。

这边敲，咚咚咚咚咚：前两拍双手握成拳放于左侧做出敲腰鼓的动作，后两拍则按照节奏左右交替敲打。

那边敲，咚咚咚咚咚：动作同"这边敲，咚咚咚咚咚"，方向相反。

小小音乐家：双手平放，自然下垂，一拍两下左右点头。

第三段：

走来一只小熊：前两拍上身保持不动，按照一拍一次的节奏原地踏步。后两拍双手握成拳放于嘴巴偏下的位置，做出小胖熊的形象。

手里拿着二胡：两手稍微弯曲，右手比左手稍微远一点儿的位置做出拉二胡的动作，跟着节拍摇头。

这边拉，吱扭扭扭扭：前两拍朝左边方向做出拉二胡的动作，后两拍左手保持不动，右手按照节奏左右摆动。

那边拉，吱扭扭扭扭：动作同"这边拉，吱扭扭扭扭"，方向相反。

小小音乐家：双手平放，自然下垂，按照一拍两下左右点头。

【游戏玩法建议】

将幼儿分成三组，分别扮演小兔、小猴、小熊，按照歌词内容不同的出场顺序结合上面的动作建议边唱边做出相应的动作进行表演。

唱到"这边吹，滴滴滴滴答，那边吹，滴滴滴滴答""这边敲，咚咚咚咚咚，那边敲,咚咚咚咚咚""这边拉,吱扭扭扭扭"这些句子时,按照节奏准确地进行吹、敲、拉的动作。

 活动准备

1.小兔、小猴、小熊演奏乐器的图片。
2.森林音乐会布景。

 活动目标

1.理解歌词内容,知道喇叭、腰鼓、二胡三种乐器发出的不同音色。
2.根据歌词内容创编适宜的表演动作。
3.体验边做音乐演奏家角色扮演,边歌唱的乐趣。

 活动过程

1.带幼儿进入"森林音乐会"场景。
(1)请幼儿猜猜今天音乐会的演员会是谁?
(2)教师范唱,请幼儿听听自己猜对了否?
(3)根据幼儿对歌词内容的描述,教师出示三位演员的图片。
①教师提问:小动物手里都拿了什么乐器?
②喇叭、腰鼓、二胡发出的声音是什么样的?根据已有经验对三种乐器展开讨论。
2.教师范唱,请幼儿逐段进行动作创编。
(1)教师范唱第一段,幼儿自由表演。
①教师挑选符合乐器演奏特点的幼儿动作,并进行合拍合节奏的提升。
②请全体幼儿学习经过挑选提升的动作。
(2)教师范唱第二段,幼儿自由表演。
①教师挑选符合乐器演奏特点的幼儿动作,并进行合拍合节奏的提升。
②请全体幼儿学习挑选出经过提升的动作。

(3)教师范唱第三段,幼儿自由表演。

①教师挑选符合乐器演奏特点的幼儿动作,并做出合拍合节奏的提升。

②请全体幼儿学习挑选出经过提升的动作。

3.教师与幼儿一起用身体动作完整表演歌曲。

(1)以教师的表演为榜样,全体幼儿模仿教师用身体动作表演歌曲。

(2)教师撤离表演,只是语言提醒,全体幼儿表演。

(3)幼儿独立完整表演歌曲。

4.分角色表演。

(1)重新进入"森林音乐会"场景,请全体幼儿不分角色表演一次。

(2)请出三位幼儿分别扮演三个小动物表演,其余幼儿帮忙歌唱。

(3)全体幼儿分成三组,分别扮演三种小动作表演。

活动十五　我和我的小狗

【曲　谱】

我和我的小狗

选自《奥尔夫音乐全系列》
佚　　　名 词曲

$1=\flat B \quad \frac{2}{4}$

(１１６６　５.６｜３２　１)｜１１６６　５.６｜１１６６　５｜
　　　　　　　　　　　　　穿上我的鞋，　　背上我的包，

１１６６　５ ６｜３２　１｜１６　５.６｜１６　５｜１１６６　５ ６｜
带上我的小狗　逛一逛。　阳光 照(啊) 花儿 笑， 我和我的小狗

３２　１｜１６　５.６｜１６　５｜１１６６　５ ６｜３２　１‖
乐淘 淘。　 啦啦 啦啦　 啦啦 啦， 带上我的小狗　乐淘 淘。

【作品分析】

　　此曲节奏密集、速度稍快、旋律在八度之间来回跳动,刻画了一幅人与小狗之间逗趣十足的欢乐画面。歌词内容形象,旋律虽然跳动但与音调结合合理,这样的歌曲特别适合幼儿边唱边表演。

【歌词动作建议】

第 1 小节:右手伸出食指,指着自己的鞋。

第 2 小节:双手搭肩,做背背包动作。

第 3 小节:做一个邀请的动作。

第 4 小节:双手叉腰、昂头,做一个表示自豪的动作。

第 5 小节:右手手掌摊开手心朝上,手臂在右侧高举,指向阳光。

第 6 小节:双手手掌放在下巴下面,做花朵状。

第7小节:同第3小节。

第8小节:同第4小节。

第9小节:双手在左边拍两下,右边拍两下。

第10小节:同第9小节。

第11小节:同第3小节。

第12小节:同第4小节。

【队形动作建议】

队形:单圈

第1、2小节与第5、6小节:动作不变。

其余小节:全部变成朝圆圈中心走路。

歌曲伴奏带。

1.为歌词内容创编动作。

2.能够合拍地在单圈队形中用身体动作表现歌曲。

1.与幼儿一起讨论遛狗的经历。

请家里养狗的幼儿谈谈带狗出去玩的趣事。

2.教师不做动作范唱歌曲,让幼儿感受歌词内容。

教师提问:我做了一些什么事,然后去遛狗?

歌曲中遛狗时是白天还是晚上,为什么?

请幼儿回答。

3.请幼儿为歌曲配上合适的动作表演。

（1）教师分句范唱,请幼儿为每一句歌词创编身体动作。

（2）教师挑选符合歌词内容的动作,并提升到合拍标准。

4.在教师榜样的带动下,幼儿原地完整地用身体动作表演歌曲。

5.教师退出表演,幼儿独立地做原地的身体动作表演。

6.幼儿围成单圈,面朝圈心,教师讲解示范需要改为走路动作的歌曲部分。

7.在教师语言的提醒下,幼儿在圆圈中完整表演歌曲。

8.幼儿独立地在圆圈中完成歌曲的完整表演。

三、大班歌唱教学活动设计实例

活动一 Bim Bam
（浙江省宁波市江东实验幼儿园 潘群燕 执教）

【曲　谱】

Bim Bam

$1=G \frac{2}{4}$　　　　　　　　　　　　　　　　　以色列歌曲

（曲谱）

【作品分析】

这首歌曲出自以色列，是一首摇篮曲。歌曲的旋律优美舒缓，孩子一听就会被吸引并觉得好听和特别。歌词是由 bim、bam、biri－biri 三个单词组成。歌曲一共有三个乐句，并且第二、第三乐句是一模一样的，因此让孩子顺利学会这首歌曲不难。但是由于孩子听不懂歌词的内容，所以怎样学得轻松和有趣，怎样使孩子将歌曲的感受牢牢印在自己的心里，才是教学真正需要追寻和考量的。

【图　谱】

玩法：幼儿根据教师的分句范唱，从黑板右边挑选合适的图谱贴到黑板左边的空谱上。

【演唱部分动作建议】

Bim：拍手。

Bam：拍腿。

BiriBiri：做弹钢琴动作。

多媒体设备、MP3、图谱。

1.感受歌曲歌词的独特之处，能跟随歌词做相应的动作并用自然的声音演唱歌曲。

2.以动作还原与排图辅助的手段记忆歌词与动作，有一定的学习专注力。

3.在视、听、动多途径的调动下，提高幼儿学唱歌曲的积极性。

1.欣赏歌曲，感受歌词的独特之处。

（1）欣赏歌曲的独特之处。示范前提问：歌曲特别在哪里？教师演唱并请幼儿交流。

(2)教师总结:其实歌曲中只有三个声音,其中有两个声音是 biri-biri、bam;听听还有一个声音是什么?教师演唱。

2.动作和声音的认知游戏

(1)教师:三个声音还有它们自己各自的动作呢。

(2)教师示范,请幼儿回答 Bim 的动作是什么? bam 呢? biri-biri 是做什么动作呢?

(3)巩固声音和动作匹配的小游戏。

3.听辨歌曲内容并排图,视听结合学唱歌曲

(1)教师完整演唱并表演歌曲。

(2)出示动作图谱,幼儿排图。

事先提问:哪一张是第一句歌词的动作图谱?请幼儿倾听演唱后寻找。

(3)认识反复符号,了解其作用

①教师指着反复符号,问这是什么符号?谁能解释反复记号的作用?

②教师小结:反复记号就像两扇门,被关起来的地方需要重复演唱一次。

③提问:反复从哪里开始?到哪里结束?

④师幼共同演唱并正确放置反复记号的位置。

4.在视、听、动的辅助下完整学唱歌曲。

(1)幼儿看图谱完整表演歌曲。

(2)去掉部分图谱用动作表演歌曲。

(3)撤销图谱,完整演唱并表演歌曲。(教师滞后式动作辅助指挥)

活动二　小花猫找妈妈

【曲　谱】

小花猫找妈妈

美国儿童歌曲
杨立梅、王秀萍 填词

1=G 6/8

1 1 1 5 5 5 | 3 3 1 1 1 | 2 2 7 7 | 1. 1 5 |
1.小花猫小花猫 丢了 妈妈，它 哇 哇大 声 哭， 哦，
2.小花猫小花猫 找到了妈妈，它 哈 哈大 声 笑， 哦，

1 1 5 5 | 3 3 1 1 1 | 2 2 7 7 | 1. 1 1 |
妈 呀,妈 呀, 你 在 哪里呀, 你 在 哪 里 呀? 哎
妈 呀,妈 呀, 你 在 这里呀, 我 来 找 你 啦。 哎

2 2 2 2 2 | 2 3 4 3 2 | 1 1 2 2 | 3. 3 0 |
哟 哟,小花猫 真 是勇敢呀,哭 着找 妈 妈。
哟 哟,小花猫 真 是勇敢呀,笑 着找 妈 妈。

3. 1 0 | 3. 1 0 | 2. 7. | 1. 1 0 ||
喵 噢， 喵 噢， 喵 噢 喵。
喵 噢， 喵 噢， 喵 噢 喵

【作品分析】

原歌曲的歌词,第一段主要描述了小花猫糊涂涂丢了手套,它哇哇大声哭,哦,妈呀,妈呀,我真伤心不小心弄丢它;第二段描述了小花猫最后找到了手套,它哈哈大声笑,哦,妈呀,妈呀,你看我找到了小手套。

在目前中国独生家庭环境下,丢掉一双手套的情境很难激发孩子着急、难过的情绪。同理,找到一双手套的情境很难激发孩子兴奋、快乐的情绪。这是歌词改成现在这样的理由。

我国适合幼儿表演与歌唱的 6/8 拍歌曲不多,这首歌曲用歌词内容变化来表达两种对比强烈的情绪,使歌唱充满表现力。

活动准备

1. 小花猫头饰若干。
2. 播放多媒体设备。

活动目标

1. 在教师指导下,用身体动作表演小花猫丢妈妈、找妈妈的故事。
2. 感受歌曲中丢妈妈与找到妈妈的两种对比情绪,并通过衬词用嗓音表现出这两种情绪。

活动过程

1. 讨论生活中找不到妈妈时的情绪体验。

(1) 教师:你们发生过找不到妈妈,着急得痛哭的情景吗?

(2) 请一、二位幼儿表演找不到妈妈时的真实情景。

(3) 教师扮演妈妈,幼儿与教师一起表演找不到妈妈时着急、悲伤的情绪与找到妈妈后开心、快乐的情绪。

2. 范唱歌曲,把找不到妈妈的情绪迁移到歌曲中。

(1) 教师:一只小花猫也发生了找不到妈妈的事情,它与我们小朋友一样找不到妈妈时着急、悲伤,找到妈妈后快乐、兴奋。

(2) 教师请幼儿用小花猫的语言"喵"来表达小花猫的悲伤与快乐。

(3) 教师范唱歌曲,请幼儿观察歌曲中的小花猫是怎样表达悲伤与快乐的。

3. 幼儿学唱歌曲。

(1) 教师与幼儿合作歌唱全曲。

①教师唱实词部分,幼儿唱衬词部分。要求幼儿:表现悲伤时速度唱得慢,声音带哭腔;表现快乐时速度唱得快一些,声音往上甩。

②幼儿除了唱衬词也可以跟着老师唱实词部分。

(2) 幼儿跟着老师完整有表现力地歌唱全曲。

活动三 戏说脸谱
(杭州市西湖区紫荆幼儿园 陈燕 执教)

【曲 谱】

戏说脸谱
京剧《戏说脸谱》选段

1=F 1/4

```
0 2 | 1 2 | 3 2 | 3  | 0 3 | 2 3 | 1 | 2 |
蓝脸的  窦尔敦      盗 御 马，

0 2 | 1 2 | 3 2 | 3 5 | 2 1 | 6 1 | 1 | 1 |
红脸的  关 公    战 场 杀；

0 1 | 5 6 | 1 0 | 1 0 | 0 2 | 1 2 | 3 0 | 3 2 |
花脸的 孙 猴，    白脸的 曹 操，

0 7 | 6 7 | 2 | 0 | 2 | 0 | 3 2 | 2 3 |
黑脸的 张   飞        叫

4 | 4 | 4 | 4 | 4 | 4 | 4 | 4 5 |
喳   喳                      啊。

2 3 | 2 1 | 1 6 | 6 1 | 1 | 6 | 1 ‖
```

【作品分析】
　　此歌曲为京剧剁板(一小节一拍)，歌曲速度快、每句基本上是弱起，想让幼儿完全独立地歌唱这类歌曲是有难度的。对幼儿来说主要是能够用身体动作表现这种风格的歌曲并能跟着老师歌唱。在歌词方面，把成人曲中的"黄脸的典韦"换成了孩子熟悉的"花脸的孙猴"。

【图　谱】

【动作建议】

第1、2小节:右手做京剧压掌亮相动作,合重拍手放至左胸前;"蓝"字在出手掌后念出。

第3、4小节:右手移到右胸前,再做一个压掌动作,但动作幅度较小;"窦"字与手腕同步。

5—8小节:同1—4小节。

9—12小节:同1—4小节。

第13、14小节:双手握拳在胸前,动作与"战"字同步。

第15、16小节:双手手掌打开做顺风旗的动作。

17—20小节:同1—4小节。

21—24小节:同1—4小节。

25—28小节:同1—4小节。

第29、30小节:右手做压掌动作并与"飞"字同步。

第31、32小节:右手做压掌动作并与"叫"字同步。

第33、34小节:右手做压掌动作并与"喳"字同步。

35—39小节:右手从大拇指开始一拍出一个手指头,共出五个表示五拍。

40—44小节:右手做压掌亮相动作,"啊"字在出掌后唱出。

第45、46小节:右手做压掌亮相动作并与"啊"字同步。

第47小节:右手做压掌亮相动作并与"啊"字同步。

歌唱教育活动

活动目标

1. 在游戏中能够理解歌词，了解不同色彩的脸谱与人物个性相关。
2. 在动作的帮助下感受音乐的"剁板"，在情境中初步学唱歌曲。
3. 感受中国传统音乐的旋律，能够喜欢我们的传统音乐。

活动过程

1. 教师与幼儿互动复习不同色彩的脸谱分别代表了什么样的个性人物，比如"红色代表忠贞"，在和孩子谈话的过程中自然引出不同色彩的脸谱，引导幼儿认识图谱中的人物。

2. 教师加入动作念歌曲，重点让幼儿说说加入动作后和前面只念歌词的时候节奏上的感知有什么不同。

3. 师生一起看图谱念歌词，重点让孩子感受有节奏地念歌词。

4. 结合幼儿的观察和表现，带领幼儿打弱起节奏。

5. 师幼一起加入动作演绎，重点让幼儿通过动作再次深入地感知歌曲的弱起节奏。

6. 教师再次加入动作演唱，引导幼儿对"啊"的关注。

7. 幼儿表达，师生互动交流、演绎；注重"啊"的气息。

8. 幼儿表演"啊"，重点引导幼儿用手指数节拍和换气。

9. 全体幼儿完整演绎。（积极评价）

10. 师幼共同边唱歌边加入动作表演。

活动四 都睡着了

（南京市北京东路小学附属幼儿园　成媛 设计并执教）

【曲　谱】

都睡着了

1=F 2/4

黄丽星 词曲

（3 4 5　4 0｜3 4 5　4）3 4｜5 1　6 0｜5 1 1　6 0｜0 1　2 5｜

　　　　　　　　　　　有只　小青　蛙　　在木头　上，　　它睡着

3.　3 4｜5 5 1　6 1 1｜5 1　6 0｜0 1　2 5｜3.　2 3｜

啦，还有　一只苍　蝇停在　时钟　上，　　它睡着　啦。小老

4 3　4 5｜3 1　0｜4 3　4 4 5｜3.　0 5｜6 1　2 2｜

鼠狗　狗和　木马，　精灵和小　绵羊，　你相　信不相

3 3 2 2 1.｜0 2 2 1 7｜1　-｜（3 4 5　4 0｜3 4 5）3 4｜

信就在现在，它们睡着　啦。　　　　　　　　　　　　小白

5 1　6.1｜5 1　6 0｜0 1　2 5｜3.　3 4｜

猫紧　紧蜷　在那里，　它睡着　啦。　今天

5 1　6.1｜5 1　6 0｜5 1　2.1｜1　-‖

有人　特别　陪着我，　快快　地睡　去。

【作品分析】

原歌曲有三段歌词。如果三段歌词都唱的话，对幼儿来说，动物形象太多，难度太大。所以，截取了原曲中的第一段与第三段，旨在降低难度。

【歌词内容图片】

【动作建议】

第一段：

下面的小节数从完全小节算起。

第1、2小节：双手手掌打开放肩膀两旁，手心朝前，做青蛙的动作。一拍一次，左右摇身体。强调第一拍动作向下的力度。

第3、4小节：第一拍双手拍手，第二拍双手由下往上画圆圈，第三拍双手合拢，第四拍头靠双手做睡觉状。强调第一拍拍手合重拍。

第5、6小节：双手在胸前做弹琴动作，表示苍蝇飞动。强调第一拍重拍出动作。

第7、8小节：同第三、四小节。

第9、10小节：第一拍双手各伸食指，并拢放在嘴巴前，表示老鼠；第二拍双手放头上，表示小狗；第三拍，做骑马动作；第四拍，再做一次骑马动作。强调重拍出动作。

第11、12小节：双手各伸食指，放在头上，一拍摇晃一次，共摇四次。

第13、14小节：从第一拍开始做一个双手手掌摊开，向身体两侧打开的动作。强调重拍出动作。

第15、16小节：同第3、4小节。

第二段：

下面的小节数从完全小节算起。

第1、2小节：双手手掌打开,掌心朝内,放在嘴巴前面。一拍一次往两旁拉,表示小猫。

第3、4小节：第一拍双手拍手,第二拍双手由下往上画圆圈,第三拍双手合拢,第四拍头靠双手做睡觉状。强调第一拍拍手合重拍。

第5、6小节：双手手臂弯曲并交叉放在胸前,身体左右摇摆,一拍摇一次。

第7、8小节：第一、二拍双手由下而上、由外向里画圈；第三拍双手合拢,第四拍头靠双手做睡觉状。

1. 图片五张。
2. 歌曲 CD。

第一课时

1. 用身段动作表达各种小动物的特征。
2. 用弱起拍的身体动作表现出摇篮曲的风格。

1. 教师念歌词,请幼儿记住歌词中小动物的名字。

(1)告诉幼儿歌曲名称为《都睡着了》。

(2)教师无动作表演念歌词之前提问：在这首歌曲中会出现很多小动物,请小朋友记住都有哪些小动物。

(3)念完后请幼儿回答,幼儿回答出一种小动物就出示该小动物的图片。

(4)教师再次念歌词,请幼儿把第一次漏听的小动物找出来。

2.通过观察语言与韵律的关系,学习弱起的身体动作表演。

(1)教师边念歌词边做身体动作表现,请幼儿指出老师做的是什么小动物的动作?

(2)教师提问第一句歌词中语言与韵律的关系。

①教师:我做的小青蛙动作是与"有只小"三个字中的哪一个字同时发出的?拍手动作是在"它睡着了"中的"它"字前面还是后面发出的?

②幼儿回答后,请幼儿完成歌词与动作的准确配合。

(3)教师提问第二句歌词中语言与韵律的关系。

①教师:我做的苍蝇的动作是与"还有一只"四个字中的哪一个字同时发出的?拍手动作是在"它睡着了"中的"它"字前面还是后面发出的?

②幼儿回答后,请幼儿完成第二句词与动作的配合。

(4)教师提问第三句歌词中语言与韵律的关系。

①教师:我做的小老鼠的动作是与"小老鼠"三个字中的哪一个字同时发出的?狗狗的动作是在"狗狗"中的第一个还是第二个"狗"字发出的?木马的动作在"木马"中的第几个字上发出的?老师做了几次木马的动作?

②幼儿回答后,请幼儿完整把第三句表演一下。

③请幼儿把前面三句连起来表演一下。

(5)教师提问第四句歌词中语言与韵律的关系。

①教师:双手摊开的动作在"你相信"中的哪一个字上?"他们睡着了"与"它睡着了"是一样的,你们自己能否表演一下呢?

②幼儿回答后,请幼儿表演第四句。

3.以教师为榜样,幼儿完整表演整首歌曲的歌词韵律。

4.教师清唱歌曲,请幼儿体验摇篮曲安静的音乐意境。

(1)教师清唱,表现摇篮曲的音乐意境。

(2)请幼儿用这种安静的风格边念歌词边做动作。

(3)请幼儿跟着老师边唱歌曲、边做动作。

第二课时

活动目标

1.用弱起拍的动作表现摇篮曲安静的风格。

2.做弱起拍动作的同时,用嗓音表现摇篮曲的情绪风格。

活动过程

1.复习第一段歌词朗诵与身体动作的配合表演。

(1)在教师的动作示范下幼儿边朗诵歌词边表演身体动作。

(2)在教师的语言指令下幼儿边朗诵歌词边表演身体动作。

2.学习第二段歌词朗诵与身体动作的配合表演。

(1)第一次示范观察:找出小动物。

(2)第二次示范观察:小猫动作是在"小白猫"三个字中的哪个字做出?

(3)学习"它睡着了"与"快快地睡去"的身体动作表演。

(4)在教师的带领下,进行第二段歌词朗诵与身体动作的配合表演。

3.幼儿学习第一段的嗓音表演。

(1)请幼儿在老师的带领下边做动作边歌唱。

(2)通过互动方式解决幼儿歌唱中有困难的地方。

4.幼儿学习第二段的嗓音表演。

5.幼儿边做身体动作边完整歌唱。

活动五 吹 泡 泡

(湖南省政府机关第三幼儿园　秦枫 设计并执教)

音乐材料设计

【曲　谱】

吹　泡　泡

张俊以 词
刘　彤 曲

1=D 3/4

```
5  5  01 | 2 - 5 | 1  1  06 | 7  0  3 |
星  星  是  月     亮  吹  出  的  泡     泡,

6· 6· 01 | 5 - 1 | 4  43 21 | 2 - - |
露  珠  是  小     草  吹  出 的 泡  泡。

5  5  01 | 2 - 5 | 1  1  06 | 7  0  3 |
苹  果  是  花     儿  吹  出  的  泡     泡,

6· 6· 01 | 2 - 6 | 2  23 21 | 1 - - |
葡  萄  是  藤     儿  吹  出 的 泡  泡。

1  0  5 | 7 - - | 6 - 16 | 5 - - |
吹  (呀) 吹,     吹     泡  泡,

5  1  05 | 75  03 | 2  66 53 | 2 - - |
我  吹  的  泡泡  是 一  首首 歌  谣。

1  0  5 | 7 - - | 6 - 16 | 5 - - |
吹  (呀) 吹,     吹     泡  泡,

5  1  05 | 75  03 | 2  25 532 | 1 - - ‖
我  吹  的  泡泡  是 一  首首歌   谣。
```

【作品分析】

这首歌曲的歌词就是一首诗,每句一个比喻,易于幼儿理解。旋律抒情优美,适宜幼儿歌唱。

【图　谱】

1.磁性板,泡泡棒。

2.与歌词对应的图片,每组一套。

1.出示图片(随意摆放),辨认图片中的内容。

(1)教师提问:图片上有什么?

(2)幼儿回答。

2.幼儿操作摆图,了解歌词中物与物之间的对应关系。

(1)幼儿合作操作图片,摆出四种泡泡是什么吹出来的正确答案。

(2)请幼儿用语言描述选择这种答案的理由。

(3)幼儿操作时,教师放伴奏带。

3.教师范唱,请幼儿根据教师所唱的歌词顺序排列图片。

4.引导幼儿边摆图片边歌唱。

(1)教师与幼儿一起边摆图片边歌唱。

(2)幼儿自己一边摆图片一边歌唱。

(3)根据图片内容,教师与幼儿以接唱的方式合作演唱。

活动六 狮子抓痒

(绍兴县钱清镇南钱清幼儿园 杨飞英 设计并执教)

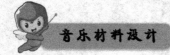

【曲 谱】

狮子抓痒

1=D 2/4

选自《从头到脚玩音乐》
佚 名 词曲

(5 56 53 | 2 3 | 1 -) 3 35 32 | 1 X X |
　　　　　　　　　　　　　　　　狮子 后背 痒 痒痒,

2 23 21 | 6. X X | 6 6 6 | 5 5 3 | X X X |
请人 来抓 痒, 来了。小兔抓, 太轻了, 太轻了,

2 2 3 | 2 1 6 | X X X | 2 5 3 | 2 3 1 |
小熊抓, 太重了, 太重了。小猴抓, 太歪了,

X X X | 6.　6 | 5 0 3 0 | 2 0 3 0 | 2 - |
太歪了, 狮子 拿 起 小 竹 笓,

X X | X X X | 5 65 32 3 | 1 X X. | X X X ||
刷 刷 刷刷刷, 自己抓痒乐呵 呵。哈哈, 真舒服。

【作品分析】

这首歌曲的歌词生动而形象,幽默而诙谐,符合大班幼儿的兴趣和年龄特点。教师应该引导孩子用不同的音量、音色,来表现不同的动物角色,以激发孩子的歌唱兴趣。教师可以为这首歌曲创设互动型的情境游戏,进一步激发孩子们演唱的欲望和表演的兴趣。

【课件或图片】

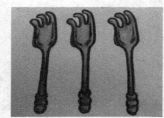

【狮子扮演动作建议】

第一句：狮子有节奏地做挠痒痒动作。（手放背后挠背）

第二句：双手上举，做招手动作。（建议一拍一下）

第三句：竖起小兔长耳朵动作一下后，一手叉腰，一手推开，表示不满。

第四句：双手放胸前做小熊动作一下后，一手叉腰，一手推开，表示不满。

第五句：一手反向放头顶，学小猴动作一次后，一手叉腰，一手推开，表示不满。

第六句：左手叉腰，右手做拿小竹筢状，并合拍甩三下"小竹筢"。

第七句：拿"小竹筢"的手放到背后，合着音乐挠痒痒。

第八句：双手两边打开，摇头开心状。

【游戏玩法建议】

1.狮子演唱歌曲部分：幼儿边唱边做相应的动作。

2.小动物表演部分：在相应乐句出现，给狮子挠痒痒，狮子不满意，小动物马上离开。

活动准备

1.供幼儿实际观察的小竹筢一个。

2.多媒体播放设计。

活动目标

1. 感受歌曲诙谐幽默的风格特点，喜欢演唱歌曲。
2. 尝试根据动物形象控制自己的音量，探究不同音色。
3. 能根据角色特点合拍地进行表演，感受合乐表演以及与同伴合作的快乐。

活动过程

1. 游戏《挠痒痒》。

师幼玩木头人的游戏，到最后一句幼儿造型不动，教师过去逐个挠痒痒，看看谁最不怕痒，坚持不动。

2. 感受与理解歌词内容。

（1）教师边出示图片边讲述故事。

教师：今天狮子遇到了一件麻烦事，看看他的表情，像你们刚才一样他也觉得很痒，感觉痒的时候最想干什么？（挠痒痒）

（2）熟悉歌词内容，哪些动物来帮忙了？狮子满意吗？帮助孩子链接生活经验，不同的动物所呈现的相关动作特征：小兔，太轻；小熊，太重；小猴，太歪。

（3）教师有节律地讲故事，有小动物出现时与幼儿互动：

教师：小兔抓，怎么样？幼：小兔抓，太轻了。

教师：小熊抓，怎么样？幼：小熊抓，太重了。

教师：小猴抓，怎么样？幼：小猴抓，太歪了。

（4）揭示答案：这么多人帮忙狮子都不满意，大狮子后来是用什么办法挠痒痒的呢？（拿出小竹筢）下面让我们来听歌曲。

3. 动作表演。

（1）学学小动物帮狮子抓痒的样子，根据相应的乐句，表演出不同动物的特征，教师有节律地念歌词，帮助幼儿建立新的音乐经验。

（2）教师唱歌曲并扮演大狮子，幼儿分组扮演小兔、小熊和小猴。

（3）教师完整演唱歌曲，幼儿练习，不同的乐句要扮演相应的动物。

4.加衬词,分组玩情境游戏。

(1)在歌曲的三个小动物乐句后,分别加衬词,衬词处所有小动物学大狮子的声音说:"太轻了""太重了""太歪了"。

(2)幼儿自由分组,一组中一位幼儿扮演大狮子,其他幼儿扮演小兔、小熊、小猴,共同合作演唱。

活动七　三个和尚

（四川省成都市金牛区机关第二幼儿园　陈思颖　设计并执教）

音乐材料设计

【曲　谱】

三个和尚

中国民间音乐

1=♭E 4/4

(5 55 5 32 1216 5 | 1 11 2323 5 56 5 | 1 11 2161 5653 2 |

5653 2 23 1216 5 | 1216 5 56 1216 5 |

5 56 5 56 5 56 5 56 | 5 56 1216 5 5)

3 5 5 6 3532 1 5 | 5 55 653 5 X X |
一　个（呀）和　尚　　挑（呀么）挑水　喝，（嘿 嘿）

5 55 653 5 X X | 5 55 653 5 — |
挑（呀么）挑水　喝，（咦 咦）挑（呀么）挑水　喝。

3 5 5 6 3532 1 5 | 1 23 216 5 X X |
二　个（呀）和　尚　　挑（呀么）挑水　喝，（嘿 嘿）

1 23 216 5 X X | 1 23 216 5 — |
挑（呀么）挑水　喝，（咦 咦）挑（呀么）挑水　喝。

6. 1 2 3 5 53 5. 6 | 3 35 3 2 1 21 6 X |
三　个 和 尚 没 水 喝（呀）没（呀）没 水 喝　呀嘿，

3 35 3 2 1 21 6 X | 3 35 3 2 1 21 6 |
没（呀）没 水 喝（呀）（咦）没（呀）没 水 喝　呀，

| 5. 5̲ 3 5 | 6̲5̲6̲ 5. 6 | 5 5̲6̲ 2 3 5 | × × ‖
你　说这是　为什么　呀, 为(呀) 为什么　(嘿 嘿)

| 5. 5̲ 3 5 | 6̲5̲6̲ 5. 6 | 5 5̲6̲ 2 3 5 | — ‖
你　说这是　为什么　呀, 为(呀) 为什么?

【图　片】

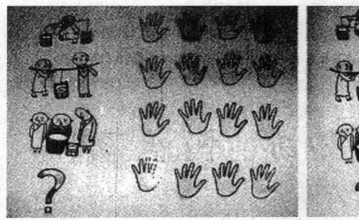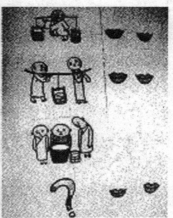

【演唱部分动作建议】

1—4小节:做挑水的动作,伴奏部分拍手四下。

5—8小节:做抬水的动作,伴奏部分拍手四下。

9—12小节:坐在位置上,左手竖起手掌,右手做敲木鱼的动作,并做出了无生趣的表情。

13—16小节:双手摊开表示疑问,伴奏部分拍手四下。

【游戏玩法建议】

1.找朋友游戏:幼儿能迅速找到2～3个同伴。

2.和老师一起扮演和尚角色,表现人物在故事中的情绪和表情。

1.歌词内容图片与动画片《三个和尚》的剪辑片段。

2.多媒体播放设备。

活动目标

1. 根据歌词内容,用身体动作创编歌曲唱词与伴奏部分的内容。
2. 能合拍合句子地用身体动作扮演角色。
3. 感受与表现歌曲中角色的情绪状态,理解勤劳与团结的重要性。

活动过程

1. 游戏《看数字找朋友》。

(1)教师讲解与示范游戏玩法。

(2)幼儿玩游戏,能迅速组合成与数字相同人数的小组。

2. 感受与理解歌词内容。

(1)观看动画片《三个和尚》的剪辑片段,讨论故事内容、评价角色态度。

(2)请幼儿把动画片中的内容用身体动作表现出来。

(3)根据教师讲的故事内容(歌词),集体表演。

3. 学习歌曲。

(1)出示图片,教师范唱。

(2)请幼儿跟着教师的歌声,用身体动作表演《三个和尚》的故事。

教师强调间奏处说的部分要注意合拍做拍手动作。

(3)请幼儿边做身体动作表演边歌唱。

4. 创编间奏处的伴奏形式。

(1)幼儿歌唱,教师在间奏处加上有节奏的弹舌声响替代拍手。

(2)通过自由讨论,请幼儿创编间奏处合拍的声音或动作。

(3)个别展示与集体学习相结合,进行完整的表演。

(4)教师留出时间让幼儿展现自己的间奏伴奏形式。

5. 全班身体动作表演与间奏自由创编相结合的角色扮演活动。

(1)全班一起进行动作表演,但间奏处使用自己的创编动作。

(2)边身体动作表演边歌唱。

活动八　八只小狗抬花轿

【曲　谱】

八只小狗抬花轿

1=C 4/4

火风 曲
佚名 词

```
3  32  3  32 | 1  5  5  - | (1  5  5  -) |
1.八  只  小  狗   抬  花  轿，
2.小  狗  气  得   汪  汪  叫，
3.一  二  三 (呀)  往  上  抛，

6  65  6  65 | 1  53  2  - | (1  53  2  -) |
老  虎  坐  轿   把  扇  摇，
老  虎  却  在   睡  大  觉，
老  虎  摔  了   一  大  跤，

3  32  3  32 | 53  32  1  - | (53  32  1  -) |
一  只  小  狗   摔  一  跤  呀，
小  狗  抬  轿   到  山  腰  呀，
小  一  二 (呀)  往  上  抛  呀，

2  21  2  21 | 1  16  5  - | (1  16  5  -) ||
老  虎  踢  了   它  一  脚。
想  个  办  法   真  正  好。
老  虎  摔  了   一  大  跤。
```

【作品分析】

这首歌曲的旋律带有浓烈的中国民族味，容易上口；歌词表达了八只小狗与老虎相斗的热闹、诙谐气氛，非常适合幼儿用身体动作表演。

【动作建议】

第一段：

第1、2小节：做抬轿动作。

第3、4小节：做摇扇子动作。

第5、6小节：做小狗的动作。

第7、8小节：做踢的动作。

第二段：

第1、2小节：做小狗的动作，同时做出生气的表情。

第3、4小节：做睡觉动作。

第5、6小节：做抬轿动作。

第7、8小节：先用右手食指在耳朵旁转一圈，表示想办法；再竖起右手大拇指，表示"好"。

第三段：

第1、2小节：做抛的动作。

第3、4小节：做摔跤动作。

第5、6小节：同第1、2小节。

第7、8小节：同第3、4小节。

第一课时

活动准备

1.对轿子的外形特征、用途、使用方法进行经验铺垫。

2.老虎与小狗的头饰若干。

3.多媒体播放设备。

活动目标

1.为歌词情境创编符合角色形象的动作。

2.能合乐地用身体动作表演歌曲。

3.体验合作表演的乐趣。

活动过程

1.用身体动作表演故事内容。

(1)教师根据歌词内容讲《八只小狗抬花轿》的故事。

(2)通过互动方式,请幼儿表演故事内容。

(3)教师有意识地挑选出一些比较合适歌曲表演的身体动作。

2.范唱歌曲,指导幼儿合乐表演歌曲。

(1)教师:这个故事其实是一首歌曲,老师用歌声把这个故事讲一遍。

(2)教师:把刚才我们表演的动作合上音乐再表演出来。

(3)教师把幼儿的本能动作进行合拍的提升与简化。

(4)通过互动与分句范唱、表演等方式,确定用于集体表演的所有动作。

3.不分角色合乐表演。

(1)在教师身体动作的示范下,幼儿进行合乐的身体动作表演。

(2)在教师语言指令下,幼儿进行合乐的身体动作表演。

(3)幼儿尝试独立地进行身体动作表演。

4.分角色表演。

(1)选八只小狗,教师扮演老虎进行表演。

(2)选八只小狗,请一位幼儿扮演老虎进行表演。

(3)一半幼儿扮演小狗,一半幼儿扮演老虎进行表演。

第二课时

活动准备

多媒体播放设计。

活动目标

1.有表现力地用身体动作表现歌曲。

2.用嗓音表现歌曲诙谐与戏剧化的情绪特征。

活动过程

1.不分角色,用身体动作完整表演歌曲。

(1)教师提出身体动作表现的要求:合音乐节拍,小狗和老虎的形象逼真,表演真实。

(2)幼儿不分角色完整表演身体动作。

(3)对全体幼儿的表演进行评价与反思,尤其反思表演是否真实。

2.幼儿分两组进行角色扮演活动。

(1)表演前请幼儿说说表演时应该做到的事项,并提出可能出现的困难以便在表演前能提前解决。

(2)幼儿分角色扮演歌曲内容。

(3)对分角色扮演情况进行评价与反思。

3.八只小狗与一只老虎的角色扮演。

(1)请幼儿挑选扮演的角色,并用语言说明挑选这些幼儿的理由。

(2)幼儿戏剧性表演。

(3)表演后进行评价与反思。

(4)进行第二、第三轮的表演。

4.用嗓音表现歌曲。

(1)教师要求幼儿不做动作,用嗓音唱出故事的内容。

(2)对幼儿歌唱中的旋律、嗓音表现力等问题进行必要的解决。

(3)幼儿集体歌唱。

活动九 猫和老鼠

(杭州市西湖区紫荆幼儿园 沈燕金 设计并执教)

【曲谱】

猫和老鼠

选自《奥尔夫音乐全系列》
佚名 词曲

1=F 2/4

（ 5 | 1. 5 1. 3 | 1 5 | 6 7 | 1 ） 0. 5 |
1.那
2.小
3.那
4.小

1. 5 1. 3 | 1 5 | 1 5 | 1 5 | 5. 5 |
花 猫 正 在 睡 觉 来 呼 噜 呼 噜，那
老 鼠 跑 出 洞 来 东 瞧 西 瞧，小
花 猫 突 然 醒 来 追 (呀) 追 呀，要
老 鼠 四 处 逃 跑 逃 (啊) 逃 啊，小

1. 5 1. 3 | 1 5 | 6 | 7 | 1 0. ‖
花 猫 正 在 睡 觉 来 呼 噜 噜。
老 鼠 跑 出 洞 来 吱 吱 叫
抓 住 小 老 鼠 (呀) 喵 喵 喵。
老 鼠 四 处 逃 跑 吱 吱 叫。

【作品分析】

此歌曲节奏鲜明，歌词具有较强的故事性，主要讲述了花猫在睡觉时，小老鼠偷偷从洞里跑出来；花猫醒来后去抓小老鼠，小老鼠四处乱逃，最后逃回洞里的故事。歌曲虽呈一段体结构，歌词共四段，旋律重复，对于大班上学期幼儿来说较易理解并掌握。其中第一段和第三段描述花猫的旋律舒缓，代表花猫慵懒的角色形象;第二段和第四段描述小老鼠的旋律轻快,代表机灵的小老鼠形象。这样一种快慢交替的旋律感,从一定程度上提高了学唱的难度,但同时也增强了歌曲的趣味性,便于孩子更直观地感受两种动物角色的特点,进而自愿地用肢体语言和表情来表现歌曲内容。

【图　谱】

【演唱部分动作建议】

第一段:

1—3小节:双手交叉打开做伸懒腰的动作。

4—5小节:双手合十放置脸部一侧(表现花猫睡觉的姿态)每次唱"呼噜",身体跟随节奏做起伏的动作。

6—8小节:同第1—3小节。

第9小节:唱到最后一个"噜"的时候,双手摆放到脸部另一侧,表现翻身继续睡觉的样子。

第二段:

1—3小节:双手做小老鼠的手势动作,双脚脚尖轻轻交替地踩踏地面。

4—5小节:手部动作不变,眼神左边看一下,右边看一下。

6—8小节:同(1—3小节)

第9小节:双手做小老鼠的手势动作,分别根据"吱吱叫"三个词,左中右三个方向各做一次动作。

第三段:

1—3小节:双手交叉打开做睡醒的动作,并同时站立起身。

4—8小节:手脚并用往前表演追的动作,一个小节往前走一步。

第9小节:双手五指张开放在脸部两侧做花猫的手势动作,分别根据"喵喵喵"三个词,左中右三个方向各做一次。

第四段:

1—3小节:双手做小老鼠的手势动作,双脚脚尖轻轻交替地踩踏地面。

4—5小节:双手做小老鼠的手势动作,双脚脚尖轻轻交替地踩踏地面。第四小节双脚往左边跳一次,第五小节双脚往右边跳一次。

6—8小节:同第1—3小节。

第9小节:双手做小老鼠的手势动作,分别根据"吱吱叫"三个词,左中右三个方向各做一次动作。

最后的下行音阶结束乐句:双手做交替开火车的样子,然后在最后一个音的时候庆祝小老鼠成功逃回洞里,做出"耶"的手势。

【游戏玩法建议】

情境扮演:

第一段:花猫睡觉,小老鼠悄悄地躲在洞里。

第二段:花猫在睡觉,小老鼠从洞里跑出来。

第三段:花猫醒来,小老鼠为了不让花猫发现,蹲下身体躲起来。

第四段:花猫用凶猛神气的造型吓唬小老鼠,小老鼠吓得四处乱逃。

最后结束:小老鼠逃回洞里,并庆祝成功。

分组情况:

请幼儿分成两组,一组表演小老鼠,一组表演花猫。花猫一开始和小老鼠间隔一定的距离面对面坐着,等唱到第二句的时候,小老鼠悄悄跑出洞来。

注意事项:

教师需要强调这是在表演歌曲,唱到谁表演,谁就表演。

1.磁性黑板,图谱。
2.多媒体播放设备。

1.结合图片理解歌曲内容,并尝试创编"猫睡觉"和"老鼠东瞧西瞧"的动作进行边唱边表演。
2.借助歌曲表演情境的创设,充分感受歌曲的情绪,并能完整地用肢体动作表演歌曲。
3.产生对故事性歌曲的学唱兴趣,乐于参与音乐活动。

1.师幼交流猫和老鼠图片的内容,自然引出歌曲《猫和老鼠》,让幼儿带着问题:"歌曲中的猫和老鼠在干什么?"完整倾听原声带歌曲一遍。
2.个别幼儿讲述歌曲内容,教师小结。
3.教师引导幼儿看着图谱再次完整倾听一遍歌曲,同时思考"猫是怎么睡觉的?小老鼠从洞里跑出来时是怎么做的?"这两个问题。
4.教师根据幼儿的回答,引导幼儿表演猫睡觉的动作并加上歌声一起来表演。
5.教师请个别幼儿表现小老鼠东瞧西瞧的样子,鼓励大家加上好听的歌声一起表演。
6.完整地表演第一段和第二段。
7.教师引导幼儿看着图谱观察"从哪里可以看出猫在抓老鼠?小老鼠在四处乱逃呢?"教师结合幼儿的回答,示范演唱歌曲第三段和第四段。
8.请个别幼儿扮演猫抓老鼠和小老鼠四处乱逃的动作。
9.师生完整演绎歌曲,找出难点进行练习。
10.教师结合图谱讲解表演的要求,再次帮助幼儿理解歌曲内容。

11.幼儿分角色轮换表演两次(在座位上)。

12.离开位置,完整表演一次。

1.教师在表演猫和老鼠的声音、动作时,需要夸张一些,这样能更好地感染小朋友。

2.在后面的表演环节,教师需要帮助幼儿明确这是表演歌曲,不是游戏,轮到谁表演谁才表演。

3.开始学唱时,重在让幼儿以动作带动歌唱的过程中表演、学唱歌曲,学唱最后引导幼儿用粗粗、重重的声音表演猫,用轻巧、细细的声音表现小老鼠,纯粹地演唱歌曲。教师可根据幼儿情况,将本活动安排为两个课时。

活动十 小雨点跳舞

（南京市游府西街幼儿园　郑姗姗 设计并执教）

【音乐材料设计】

〔曲　谱〕

小雨点跳舞

1=C 3/4

郑姗姗 词曲

```
3 5  5.  5 | 6  5.  1 | 2 1 0 | 3 1 0 |
1.小雨点   在  哪  里     跳   舞？   嘀 嗒，
2.小雨点   在  屋  顶     跳   舞。   嘀 嗒，

3 1 0 | 3 5  5.  5 | 6  5.  1 | 4 2 0 |
嘀 嗒。   小雨点   在  哪  里     跳   舞？
嘀 嗒。   小雨点   在  河  里     跳   舞。

4 2 0 | 4 2 0 | 3 5  5.  5 | 6  5.  1 |
哗 啦，   哗 啦。   小雨点   在  哪  里
哗 啦，   哗 啦。   小雨点   在  草  地  上

7 6 0 | 7 6 0 | 7 6 0 | 3 5  5.  5 |
跳 舞？ 沙 沙， 沙 沙。 小雨点   在
跳 舞。 沙 沙， 沙 沙。 小雨点   在

6  5.  1 | 2 1 0 | 3 1 0 | 3 1 0 |
哪   里     跳   舞？  噼 啪， 噼 啪。
窗   上     跳   舞。  噼 啪， 噼 啪。

4 6  6.  6 | 4 6 6 0 | 3 5  5.  5 |
啦 啦 啦   啦 啦 啦 啦， 啦 啦 啦   啦

3 5 5 0 | 6 4 6 4 6 4 | 5 3 5 3 5 3 |
啦 啦 啦。 嘀 嗒 嘀 嗒 嘀 嗒， 哗 啦 哗 啦 哗 啦，

4 2 4 2 4 2 | 3 1 0 | 3 1 0 ‖
沙 沙 沙 沙 沙 沙， 噼 啪，   噼 啪。
```

【作品分析】

歌曲展现了小雨点跳舞的场景，拟人化的歌词内容增加了歌曲的趣味性。教师可以让幼儿自由想象并画出小雨点跳舞的场景，并根据新的歌词内容进行演唱，在感知音乐的基础上大胆地表现音乐。

【图　谱】

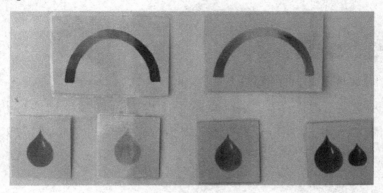

图一　彩虹和小雨点

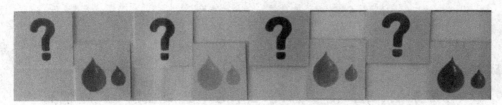

图二　问号

图三　完整图谱

歌唱教育活动

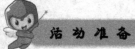

1.歌曲图谱,多媒体播放设计。
2.用于幼儿画画的画板、纸、彩色笔,人手一份,放在座位下面。

1.根据图谱理解歌词内容并演唱歌曲。
2.能自由想象,创作图画"小雨点落下的地方",创编歌词内容并演唱。
3.感受歌曲欢快活泼的音乐情绪,体验音乐表演与创作的乐趣。

1.出示彩虹与小雨点的图片,学习副歌部分。

(1)教师分别出示"彩虹""小雨点"的图片,强调"彩虹"会唱歌,"小雨点"会跳舞。

(2)呈现"彩虹"图片,范唱"彩虹"歌唱的声音,即副歌"啦"的部分。

(3)呈现不同颜色的"小雨点"图片,歌唱"小雨点"跳舞时的声音,即副歌"嘀嗒"的部分。

教师示范后提问:"小雨点"跳舞时"嘀嗒"的声音都是一样的吗?(不一样,有快有慢。)

(4)幼儿完整地跟唱副歌部分。

2.出示正歌图片,学习歌曲第一段正歌的部分。

(1)请钢琴伴奏老师弹奏正歌旋律,执教教师跟随旋律出示打有问号与各种小雨点的图片。

(2)教师根据图片内容完整范唱正歌部分。

(3)幼儿学唱正歌。

①教师提问:刚才老师在唱歌时提了什么问题?(小雨点在哪里跳舞?)

②用歌声将问题歌唱一遍。

③幼儿完整地歌唱正歌部分第一段。

3.请幼儿通过绘画方式创编正歌的第二段歌词,并歌唱。

(1)教师提问:那么,小雨点还会在哪些地方跳舞呢?

请幼儿自由想象,大胆给出答案。

(2)请幼儿把自己的答案画出来。

①教师提出绘画要求:在一张纸上只能画小雨点在一个地方跳舞,如果有想到小雨点在两个地方跳舞就画两张画。

②教师:你们画画的时间只有教师把这首歌唱三遍的时间。老师唱完三遍后所有的人就得停笔了。

③幼儿画画,教师歌唱三遍。

④常规要求:请幼儿从椅子底下拿出笔纸,然后身子转过去趴在椅子上画画。

⑤教师歌唱时,每唱完一遍提醒一次幼儿。

(3)把所有的图画呈现出来,请部分幼儿用语言描述自己的图画内容。

(4)教师选择四张图画作为第二段的歌词,大家一起歌唱。

①根据教师挑选出来的四张图画内容唱第二段,使幼儿理解第二段歌词的唱法。

②教师唱问号部分,其他部分由幼儿歌唱。(可唱两遍)

活动十一 卖 土 豆

（浙江省绍兴市柯桥区南钱清幼儿园　杨飞英 设计与执教）

【曲　谱】

卖 土 豆

选自《从头到脚玩音乐》
佚　　　名 词曲

1=C 4/4
♩=100

| 3 0 3 3 0 3 1　1 | 2 0 2　2 0 2 6 — | 2 0 2　2 0 2 7　6.5 |
| 一 个 一 个 土　豆 | 挖（呀）挖 出 来， | 把 它 丢 进 那 个 |

| 1 0 7　1 0 3 5 — | 3 0 3 3 0 3 1　1 | 2 0 2　2 0 2 6 — |
| 大（呀）大 口 袋。 | 背 着 我 的 口 袋 | 去 到 集 市 卖， |

| 0 0 0 0 | 5 5 0 5 5　5 | 5 0 4 3 0 2 1 — ‖ |
| | 看 我 的 土 豆 | 排 成 一 排 排。 |

【作品分析】

土豆是生活中常见的蔬菜，也是生活在都市里的幼儿情有独钟的食品。然而，时代的变迁使得孩子们远离劳动生活的场景，他们对农民播种土豆时的辛劳和收获时的喜悦很少有情感上的体验和认同。歌唱教学活动《卖土豆》就是基于大班幼儿对"表演游戏"的喜爱，以及唤起幼儿对劳动生活的热爱而设计和组织的。歌曲蕴含了十六分休止符、全休止符等音乐元素，风格诙谐有趣，深受幼儿喜爱。

【课件或图片】

【动作建议】

扮演农民的动作：

前奏：背好劳动工具（锄头）。

第一句：一拍一下，做挖土豆动作。

第二句：一拍一下，做装土豆动作。

第三句：一拍一下，做背土豆动作。

休止符处：两拍一下，做喘气动作。

第四句：一拍一下，手指做数土豆动作。

扮演土豆的动作：

第一句：被挖到的土豆立刻站起来，表示被农民挖出来了。

第二句：跑到农民身后，表示被装进大口袋里去了。

第三句：一拍一下，跟着农民去集市。

休止符处：两拍一下，做喘气动作。

第四句：快速排成一排排（可以是横、竖、斜、弯等）。

【游戏玩法建议】

1.演唱歌曲部分：幼儿边唱边做相应的动作。

2.合作表演部分：以一个农民，四个土豆为一组，合作表演。游戏熟练后，可在下一遍前奏处快速更换农民，游戏重新开始。

活动准备

1.各种形状的实物土豆若干。

2.农民收土豆图片若干，多媒体播放设备。

活动目标

1. 在扮演农民、土豆的游戏中体会歌曲稳定的节拍感。
2. 感受与同伴、老师合作玩游戏的快乐,能遵守集体约定的规则。
3. 通过扮演农民劳动,体验收获后带来的喜悦情感。

1. 游戏导入。

(1) 观察土豆。

① 引导幼儿观察实物土豆,教师结合图片介绍农民挖土豆的过程。

② 进一步引导孩子体会:土豆丰收了,农民的心情会是怎样的?

(2) 游戏《变土豆》。

请幼儿扮演一颗自己最喜欢的土豆的样子。

2. 理解歌词内容。

(1) 教师:哇哦,土豆丰收了,农民会去做一件什么重要的事情呢?

(2) 教师范唱歌曲两遍。

(3) 教师:歌曲中的内容听懂了吗?能用自己的话来说一说吗?

注意幼儿语言描述时的逻辑性,学会说以下句式:农民先……然后……接着……最后……。

3. 动作学习。

师生表演围着"土豆田"一起劳动,老师带领幼儿有节奏地边做律动边唱歌。

4. 幼幼合作演绎歌曲。

(1) 教师引导幼儿自主讨论角色扮演并分组进行表演游戏。

教师暗示:土豆一开始是在田里的,后来怎么到农民口袋里去的啦?农民装土豆的时候,土豆要跑到哪里去?土豆背到集市后,农民怎样清点自己的土豆?

(2) 幼儿自主商量,轮流扮演农民和土豆的角色,合作玩游戏表演。

活动十二　胆　小　鬼

（浙江省绍兴市柯桥区南钱清幼儿园　杨飞英　设计并执教）

【曲　谱】

胆　小　鬼

周保平 词
孟卫东 曲

$1=\flat B\ \frac{2}{4}$

```
 6    6   | 6 5  3 5 | 6  -  | 6    6   |
1.冬    冬     是个  胆小    鬼，     怕    风
2.爷    爷     听了  哈哈    笑，     带    着

 6 5  3 5 | 2  -  | 2    2   | 3 5  3 2 |
 怕雨  怕打    雷，     半    夜     起来  遇妖
 冬冬  去抓    鬼，     一    下     碰到  衣服

 1    -   | 1    1   | 2 3  2 1 | 6·   -  ‖
 怪，       四    个     脑袋  三条    腿。
 架，       帽    子     掉了  一大    堆。
```

【作品分析】

　　这是一首诙谐风格的歌曲，很多幼儿都有过歌词所表达的生活经验，容易引起共鸣，激发歌唱兴趣。

【课件设计】

1.纸偶、课件、钢琴。

2.能用一句话讲述自己的一段胆小经历。

1.根据故事情节提炼歌词,有情趣地演唱歌曲《胆小鬼》。

2.喜欢用自己的声音和肢体动作表现歌曲诙谐有趣的音乐情景。

1.出示纸偶,介绍冬冬形象。

教师:今天,老师带来一位胆小的朋友,名字叫冬冬,因为胆小,冬冬遇到了一件很可怕又很好笑的事,到底是怎么回事呢?听我来讲一讲。

2.感受、理解歌词内容。

(1)教师:冬冬是个胆小鬼,你们知道什么样的人会被别人叫作"胆小鬼"吗?

(2)幼儿用语言描述自己也很胆小的经历。

(3)教师:你们说的这些情况冬冬都有过,他还怕风怕雨怕打雷,有一天他半夜起来上厕所,看到房间里有黑乎乎的东西,还长着四个脑袋三条腿,到底发生了什么事呢?请你们自己从中去找答案吧。

(4)播放 PPT 课件,幼儿观察。

①看后教师提问:谁看懂了,明白是怎么回事了?

②幼儿回答。

③教师进一步地启发与讲解。

④衣服架是什么呀?平时看到衣服架你会觉得害怕吗?

⑤可一胆小啊,就把它想成可怕的东西,结果闹出了笑话。

3.范唱歌曲,引导幼儿熟悉旋律。

(1)教师范唱歌曲。

(2)范唱后提问:听了这首歌曲后有什么感受?

(3)幼儿回答。

4.请幼儿用身体动作表演这首歌曲的情境。

(1)教师:你们想不想跟着音乐来动一动?那就站起来吧,看谁能用动作把东东胆小害怕的样子表现出来。

(2)教师分段分句歌唱,请幼儿分段分句地进行身体动作表演。

(3)教师挑选幼儿中比较符合歌词内容的动作,并进行合拍合句子的提升与简化。

(4)幼儿跟着教师用提炼出的身体动作表演歌曲。

(5)幼儿独立地用身体动作表演歌曲。

5.边表演边歌唱歌曲。

(1)请一位幼儿扮演冬冬,一位幼儿扮演爷爷,其余幼儿帮忙歌唱。

(2)请一半幼儿扮演冬冬,一半幼儿扮演爷爷。

(3)全体幼儿边歌唱边表演。

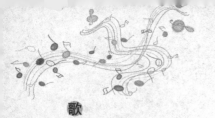

活动十三 新猴子学样

(安徽省合肥市长江路幼儿园 余璐 设计并执教)

【曲 谱】

新猴子学样

黄梅戏曲调
方明惠 词

1=C 2/4

| 6 65 6 | 6 65 6 | 3. 2 3 5 | 6 65 6 |(3. 2 3 5 |
(猴)来来来 快快来,大猴小猴 一起 来。(念白)那边好多

| 6 65 6) | 3. 2 3 5 | 5 65 3 2 | 2. 3 5 2 |
大草帽。 (唱)我 们一起 戴 (呀) 戴起

| 5 65 3 2 | 1 — |(3. 2 3 5 | 5 65 3 2 | 2. 3 5 2 |
来 呀,

| 5 65 3 2 | 1 —)| 1 1 1 65 | 6. 5 | 3 3 2 3 5 |
(爷)我(呀)摇摇 头, (猴)我们也摇摇

| 6 — | 1 1 1 65 | 6. 5 | 3 3 2 3 5 | 6 — |
头, (爷)我(呀)跺跺 脚, (猴)我们也跺跺 脚,

| 1 1 1 65 | 6. 5 | 3 3 2 3 5 | 6 — | 1 1 1 65 |
(爷)我(呀)扇一 扇, (猴)我们也扇一 扇,(爷)我(呀)扔一

| 6. 5 | 3 3 2 3 5 | 6 — | 1 1 1 65 | 6. 5 |
扔, (猴)我们也扔一 扔。(爷)猴子 上当 啦,

```
3. 2 3 5 | 5 65 3 2 | 2. 3 5 2 | 5 65 3 2 | 1 — |
快 把 草 帽  捡   呀,       捡 起  来   呀。

(3. 2 3 5 | 5 56 3 2 | 2. 3 5 2 | 5 65 3 2 | 1 — )‖
```

【作品分析】

这是一首根据黄梅戏改编的儿童歌曲,歌曲内容来自传统的儿童故事《猴子学样》。故事内容适宜幼儿身体动作表演,曲调诙谐,易上口。

【游戏玩法建议】

点兵点将游戏尽量让每个幼儿都有游戏的机会。

【歌词动作建议】

完全按照歌词内容做动作。

1. 与幼儿人数相同的草帽,老爷爷行头一套,带绳子的塑料筐两个。
2. 听故事《猴子学样》。

1. 感受黄梅戏曲调的风格,体会此曲诙谐、幽默的特征。
2. 尝试根据歌词内容情节创编身体动作。
3. 乐于参加合乐的身体动作表演,享受合作表演的乐趣。

1. 感受黄梅戏《新猴子学样》,理解歌词内容与戏中角色。

(1)教师:你们听过黄梅戏吗?黄梅戏是安徽省的一种地方戏曲。

(2)教师完整示范表演黄梅戏《新猴子学样》。

(3)提问:戏曲表演的是什么故事?

(4)再次示范表演,表演前提问:戏曲里有哪些角色?他们唱了些什么?

(5)幼儿回答教师的问题。

2.幼儿学习歌曲中的对唱部分。

(1)教师:老爷爷做了哪些动作?他为什么要这样做?他心里是怎么想的?

幼儿回答问题并学唱老爷爷的唱词。

(2)教师:小猴子是怎么学样的?

幼儿回答问题并学唱小猴子的唱词。

(3)教师与幼儿分角色合作,边表演边歌唱。

①教师扮演老爷爷,幼儿扮演小猴子合作表演一次。

②教师扮演小猴子,幼儿扮演老爷爷合作表演一次。

③老爷爷与小猴子的角色都由幼儿扮演表演一次。

(4)玩《点兵点将》游戏,幼儿轮唱。

①以一对一、一对二、一对多人递进的方式,帮助幼儿掌握对唱的部分。

②教师根据幼儿掌握表演程度及时调整速度与韵味。

3.学唱念白与猴子唱段。

(1)教师示范第一段并提问:猴子出场时唱了什么?说了什么?

(2)幼儿回答。幼儿回答过程中教师分句带动作范唱。

(3)幼儿学习猴子出场时的动作与唱腔。

(4)请幼儿学习念白。

(5)完整地边唱边表演。

4.使用道具完整表演。

(1)幼儿在老师语言指令下,不分角色地边做动作边歌唱歌曲。

(2)幼儿分饰猴子与老爷爷进行角色表演。

①教师扮演老爷爷,幼儿全体扮演小猴子,合作表演一次。

②请一位幼儿扮演老爷爷,其余幼儿扮演小猴子,合作表演一次。

活动十四 捏 面 人

(南京市河海大学幼儿园 由佳 设计并执教)

【曲　谱】

捏 面 人

史 莉 词曲

$1=D \frac{2}{4}$

```
1 1 1 6 | 5 5 6 1 | 3  2 3 | 1 - | 2 2 2 1 |
捏面人的 老爷爷   本领  大,      捏出来的

7 7 6 5 | 5  2 3 | 5 - | 5 5 5 5 | 1 - |
面人把眼 睛  看 花。     捏的什么  呀?

5 5 5 5 | 1 - | 2 1 2 1 | 2  5 | 5 3 2 5 |
捏的什么  呀?   你说是啥  就是   啥!

1 - | × ×× | × ×× | × × | × - |
     捏 一个  猪八戒 吃西  瓜,

× ×× | × × | × × | × - | × ×× |
捏 一个 唐僧 骑大  马。  捏一个

× ×× | × × | × - | × ××× | × ×× |
沙和尚 挑着 箩,    再捏一个 孙悟空

× × | × - | 2 1 2 1 | 2  5 | 5 3 2 5 | 1 - ‖
变戏 法。  你说是啥  就是   啥!
```

【作品分析】

《捏面人》是一首说唱歌曲,歌词描述了捏面人老爷爷的本领,旋律简单且起伏感强、容易上口,如果借助捏面人的动作更容易帮助幼儿理解歌词内容。

歌曲念白部分是此歌曲最具特色的地方,念白节奏感强,极具动作感,很适合表演。更重要的是念白的内容是西游记中的唐僧师徒四人,唐僧、孙悟空、猪八戒、沙和尚这四个人物的形象是幼儿耳熟能详、极感兴趣的银幕形象,能深深地吸引幼儿的注意力。关于念白部分,教师可以引导幼儿根据自己的联想即兴创编歌词,体现音乐活动的灵活性。歌曲最后一句是对前面的总结概括,同时旋律上与第一部分最后一句相同,增强歌曲的统一性。

【图　　片】

图一　唐僧图片

图二　孙悟空图片

图三　猪八戒图片

图四　沙和尚图片

【演唱部分动作建议】

捏面人的老爷爷本领大:前面四拍左手放在背后,右手手指并拢从嘴唇前方往下滑做出捋胡须的动作,展现老爷爷的形象;后面四拍两只手伸出大拇指左右各摆一次。

捏出来的面人把眼睛看花:大拇指和食指靠拢,其他三个拇指张开,位于眼睛靠前的位置从左往右依次看一次。

捏的什么呀,捏的什么呀:左右手手指张开到并拢做出捏的动作各一次。

你说是啥就是啥:前面两拍伸开食指在面前画一个大圈,第三拍食指往前点一下,第四拍再画一个圈。

捏一个猪八戒吃西瓜:前面四拍做鼓嘴表情,右手张开并弯曲放于嘴前做猪八戒的形象,后面四拍双手握拳朝向面前从左往右做张嘴吃西瓜的动作各一次。

捏一个唐僧骑白马:前四拍双手并拢做出拜佛的动作表示唐僧,后四排双手握拳位于胸前后位置做出骑马的动作晃动三次。

捏一个沙和尚挑着箩:前四拍手指张开弯曲从脸颊旁往下滑(表示沙和尚的胡子)做出沙和尚的动作,后四排双手握拳,左手位于前方右手位于肩旁左右晃动三下表示挑箩。

捏一个孙悟空打妖怪:前四拍左手平放胸前,右手反向位于额前做出孙悟空的形象,后四拍左手握拳位于胸前,右手从后往前做出举耙打妖怪的动作。

你说是啥就是啥:同第一段最后一句画圈。

【歌曲表演游戏玩法建议】

1.请幼儿分别扮演唐僧、猪八戒、沙和尚、孙悟空的人物形象,边有节奏地念歌词边按照上面的动作设计表演歌曲内容。

2.请个别幼儿扮演捏面人的老爷爷,中间部分由其他幼儿进行表演,强化幼儿对整首歌曲的理解。

3.可以请幼儿扮演老爷爷,自由想象捏面人的造型,创编并表演中间的念白部分。

1.歌词内容图片,捏面人工作场景的视频。
2.播放多媒体设备。

1.合拍地进行身体动作表演。
2.理解歌曲内容,为念白部分创编新的歌词。
3.感受歌曲的诙谐趣味,体验说唱歌曲的乐趣。

活动过程

1. 观看视频,讨论捏面人的制作工艺与流程。
2. 引出歌曲中捏面人的老爷爷。
(1)教师:老师认识一个捏面人的老爷爷,请你们看一看他都捏了些什么?
(2)讲述老爷爷捏的人物。
3. 教师边做动作边范唱,幼儿学习。
(1)教师无动作完整范唱,请幼儿说说歌曲中的老爷爷捏了哪些人物。
(2)教师边表演边范唱第一部分。
①提问:捏面人的老爷爷本领怎么样?
②捏出来的面人怎么样?
(3)教师带领幼儿一边做动作一边演唱歌曲。
(4)教师边做第二部分的动作边念白。
①提问:老爷爷捏的是什么人物?在干什么?
②请幼儿根据动作大胆讲述,并有节奏地念白。
③教师根据幼儿回答情况,进行关键动作提示。
④教师根据幼儿的回答逐步出示图片。
(5)幼儿边做动作边完成念白。
4. 教师与幼儿合作完整表演歌曲。
(1)教师扮演老爷爷,幼儿表演念白部分。
(2)幼儿扮演老爷爷,教师表演念白部分。
(3)教师鼓励幼儿完整表演整首歌曲。
5. 念白部分自由创编并歌唱。
(1)教师请幼儿自己创编念白部分歌词,并给出句型:捏一个(名字)在(干什么)。
(2)教师随手把幼儿编出来的念白角色与角色所做的事情画出来,也可以请幼儿自己画出来。
(3)当幼儿创编的角色满了四个以后,用新创编的角色替换原歌曲中的角色,并进行边做动作边念白。
(4)请幼儿边做动作边完整歌唱全曲(两遍)。

活动十五 小皮球

【曲　谱】

小　皮　球

佚　名词曲

1=D 6/8

5 4 3 2 3 4 | 5 4 3 2 3 4 | 5 1̇ 5· | 5 4 3 2 3 4 |
滚过来滚过去　滚过来滚过去　小　皮球，　　滚过来滚过去

5 4 3 2 3 4 | 5　5 1· | 4/4 5　5　5 6 5 3 |
滚过来滚过去　小　皮球。　　　　跳　跳　小皮球跳，

5　5　5 6 5 1 | 5　5　5 6 5 3 | 5　5　5 6 5 1 ‖
跳　跳　小皮球跳，　跳　跳　小皮球跳，　跳　跳　小皮球跳。

【作品分析】

这是一首动感性强、特别适合在皮球操作中学习音乐的歌曲。利用幼儿滚动与拍皮球两个动作，感受歌曲旋律中连与跳的旋律特征。

1.每人一只小皮球。
2.多媒体播放设计。

第一课时

1.通过滚、拍皮球，感受歌曲旋律中连音与跳音的特征。
2.合乐地滚、拍皮球。

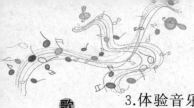

3.体验音乐中玩球的乐趣。

1.进行生活中的玩球运动。

请幼儿每人拿一个球,玩滚球与拍球运动。

2.教师范唱,合着音乐玩球。

(1)教师:现在老师来唱一首歌曲,看谁能够配合老师的歌声玩球。

(2)讨论球的运动状态。

(3)滚球时球的运动状态(连贯、稳定),拍球时球的运动状态(跳跃、急促)。

(4)根据以上讨论的结果玩球。

3.放歌曲CD,根据正常的歌曲速度玩球。

第二课时

1.复习合乐地滚、拍皮球。
2.用嗓音把玩皮球连、跳的旋律特征唱出来。

1.复习合乐地滚、拍皮球。

老师:上次音乐活动,我们已经学会了在歌曲中滚、拍皮球的本领。今天我们再试试这个本领,看看是否又进步了。

2.用嗓音表现连、跳的旋律特征。

(1)老师:我们能否不用玩皮球的方式,而是用歌唱的方式,让别人知道皮球的这两种玩法?

(2)教师嗓音示范。

(3)幼儿用嗓音表现皮球的连与跳。

活动十六　小小建筑师

（杭州市胜利幼儿园　翁杰卿 执教）

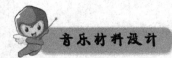

【曲　谱】

我盖的房子呱呱叫

汪爱丽 译配

1=C 4/4
中速

（5 5 | 6 6 1 7 6 | 5 5 5 3 3 | 4 4 7 2 | 1 - - ）5 5 |　A段
　　　　　　　　　　　　　　　　　　　　　　　　　　　　　加块

1 1 1 3 3 3 | 5 5 5 3 3 3 | 4 4 2 2 |
砖， 加块 砖， 加块 砖， 加块 砖， 我的 房 子 盖 得

1 - - 5 5 | 1 1 1 3 3 3 | 5 5 5 3 3 |
高；　　 加块 砖， 加块 砖， 加块 砖， 加块 砖， 我的

4 4 2 2 | 1 - 0（3 3 | 4 4 2 2 |
房 子 盖 得　高。

　　　　　　　B段
1 - 0）5 5 | 6 6 1 7 6 | 5 5 5 3 3 |
　　　 刷(呀)刷， 刷(呀)刷， 刷(呀)刷 刷(呀)刷， 四周

4 4 2 6 | 5 - - 5 5 | 6 6 1 7 6 |
墙 壁 已 刷　好，　　盖上 大 房 顶， 加上

5 5 3 3 3 | 4 4 2 2 | 1 - - ‖
高 烟 囱， 我的 房 子 呱 呱 叫。

【作品分析】

乐曲旋律悦耳、歌词重复性强，贴近孩子的游戏动作，适合学唱及创编。

【幼儿身体动作表现歌曲的两种方式】

第一种：

前奏：在教师的眼神提示下做好砌砖动作准备。在最后一拍时喊预令："起"。

A段：

砌块砖、加块砖、砌块砖、加块砖：手心向下，两手交互式向幼儿设定砌砖的方向随乐叠加。

我的房子呱呱叫：双手从下至上画半圆过头顶呈"屋顶状"。

B段：

抹呀抹、抹呀抹、抹呀抹、抹呀抹：双手手掌有力地从上向下做"抹"的动作。

四周墙壁已抹好：左手手心向左上方展开，反方向一次。

盖上大房顶，加上高烟囱，房子盖得呱呱叫：先双手在头顶做"房顶"状；然后右手握拳在耳边做"烟囱"状；最后双手抱胸前，唱到"呱呱叫"时，双手大拇指向前伸直。

第二种：

前奏：幼儿听音乐做好准备。

动作类型：

推小车：双手紧握小车手柄，随着乐节奏向前推动。

钉钉子：一只手握拳状，另一只手呈握榔头状，随乐敲击。

锯木头：一只手呈锯子状，在另一只手臂上随乐来回拉动。

1. 课前让幼儿欣赏建筑物图片、感受建筑工人的伟大。
2. 图片、黑板。
3. 伴奏教师、角色扮演的工作人员。

1. 感受歌曲的上行旋律和欢快风格，在游戏中学唱歌曲。

2.尝试模仿建筑队砌砖,进行歌词和动作创编。

3.在游戏中体验做"建筑工人"的成就感,激发对建筑工人的感激之情。

活动过程

1.经验回忆、谈话导入。

教师:你们还记得课前我们欣赏的漂亮房子吗?那是谁建造的?今天,就请你们来扮演小小建筑工人,一起来盖房子吧!

2.动作辅助、学唱A段。

(1)提问:砌砖应该怎么砌?(教师提取幼儿砌砖的动作,集体进行动作练习。)

教师:刚才我们学了从下往上砌砖的本领。那还可以朝哪个方向砌砖呢?

教师:从前往后砌,也可以从后往前砌,这组方向是相对的。

(2)教师带领孩子边做动作边学唱歌曲A段。

教师:"小小建筑师"准备好了吗?听音乐,预备起,让我们一起来学唱歌曲的A段。

3.游戏方式、递进学唱。

(1)"点兵点将"游戏,熟悉歌曲B段,进一步学唱歌曲A段。

①教师:大家学会了那么多种砌砖的方法,那让我们一起来玩个游戏吧!(教师交代玩法:老师随着音乐点将,当音乐到了"砌砖"部分,被点到的孩子起立演唱。)

②教师将孩子自然分成3波,每次游戏中点一波孩子集体演唱,从集体演唱过渡到下一阶段的个别演唱。(建议游戏3遍)

③幼儿倾听教师演唱B段音乐。

(2)"猜猜是谁"游戏。

①教师:刚才的游戏好玩吗?还想继续玩游戏吗?

②集体猜(游戏规则):集体蒙眼猜,听到哪位小朋友演唱,说出他的名字。不能偷看,看看谁的耳朵最灵。(建议游戏2遍)

③教师:接下来谁愿意上来蒙眼猜一猜?

④个别猜(游戏规则):一个孩子蒙眼猜,听到哪位小朋友演唱,说出他的

名字。下面的小朋友千万不能说出答案,并且不能打扰独唱的同伴。

(3)全体孩子学唱B段音乐。

(4)借助图片,鼓励孩子大胆替换歌词及动作。

①奖励在"猜猜是谁"游戏中获胜的孩子一次翻牌机会。

②翻牌游戏,根据牌上的图片动作替换歌词及动作。

教师:来,请在刚才游戏中获胜的小朋友上来任意翻一张牌,看看建筑工人还要学习哪些本领?

教师:让我们来学一学这个动作(敲钉子、锯木头、推小车)。

4.完整表现歌曲、表达感恩。

现场与建筑工人互动,幼儿完整演唱,表达对建筑工人的感激之情。

教师:今天"小小建筑师"的本领到底学得怎么样?我们请一位神秘嘉宾来进行评判。有请……邀请"建筑叔叔"来到现场。

教师:让我们将今天学到的本领演唱给叔叔听吧!

教师:孩子们,你们有什么心里话想对叔叔说说吗?

教师:感谢叔叔,让我们以热烈的掌声欢送叔叔。

5.活动延伸。

教师:孩子们,你们还知道"建筑叔叔"要学哪些本领吗?

教师:让我们将这些本领画在画纸上,将内容重新教唱给其他同伴听听吧!

6.出活动室。

附 录

光盘目录

一、演唱部分

1. 部位歌（洪语琪 演唱）	0′39″
2. 合拢放开（纪莉淇 演唱）	0′53″
3. 饼干歌（张悦林 演唱）	0′53″
4. 公共汽车（叶　鑫 演唱）	1′27″
5. 大灰熊（金芷墨 演唱）	0′42″
6. 两只小鸟（都一萱 演唱）	1′01″
7. 小老鼠上灯台（陈谷励 演唱）	1′01″
8. 挠痒痒（严子衿 演唱）	0′34″
9. 两只小象（周禹成 演唱）	0′55″
10. 小猫叫咪咪咪（王沈迎 演唱）	0′45″
11. 我爱我的小动物（卢行 演唱）	1′06″
12. 小黑猪（叶陈仕霖 演唱）	1′10″
13. 藏起来（王灏茗 演唱）	0′51″
14. 泡泡不见了（周蕴伊 演唱）	0′55″
15. 我是猫（齐陈悦 演唱）	1′19″
16. 五只小青蛙（陈欣瞳 演唱）	2′35″
17. 小树叶（朱曦元 演唱）	0′56″
18. 三只猴子（樊于畅 演唱）	1′26″

19. 不再麻烦妈妈(何紫馨 演唱)   1′23″
20. 鸡和蛋(楼忆萱 演唱)   0′53″
21. 小鱼的梦(卢处楚 演唱)   1′20″
22. 理发师(王子姗 演唱)   0′49″
23. 我爱你(严欣怡 演唱)   1′07″
24. 布娃娃(赵梓羽 演唱)   0′55″
25. 好吃的蔬菜色拉(沈晗琪 演唱)   2′21″
26. 影　子(华英琪 演唱)   0′56″
27. 猪小弟变干净了(许新锐 演唱)   1′16″
28. 小小音乐家(潘芊懿 演唱)   1′05″
29. 我和我的小狗(周钱睿 演唱)   0′54″
30. Bim Bam(程宇一 演唱)   1′00″
31. 小花猫找妈妈(彭子懿 演唱)   1′38″
32. 戏说脸谱(吴芷汀 演唱)   1′10″
33. 都睡着了(王飞杨子 演唱)   1′10″
34. 吹泡泡(王嘉悦 演唱)   2′17″
35. 狮子抓痒(彭律和 演唱)   1′10″
36. 三个和尚(陈奕诺、李宸乐、顾郑媛 演唱)   2′02″
37. 八只小狗抬花轿(朱曦元 演唱)   1′35″
38. 猫和老鼠(周可馨 演唱)   1′10″
39. 小雨点跳舞(吴桐语 演唱)   2′01″
40. 卖土豆(陈雨萱 演唱)   1′09″
41. 胆小鬼(齐酌 演唱)   1′39″
42. 新猴子学样(钱昕妍 演唱)   1′22″
43. 捏面人(康哈妮 演唱)   1′37″
44. 小皮球(张谱元 演唱)   1′11″
45. 小小建筑师(骆昱聪 演唱)   1′20″

二、伴奏部分

46. 部位歌（伴奏） 0′36″
47. 合拢放开（伴奏） 0′50″
48. 饼干歌（伴奏） 0′50″
49. 公共汽车（伴奏） 0′45″
50. 大灰熊（伴奏） 0′39″
51. 两只小鸟（伴奏） 0′56″
52. 小老鼠上灯台（伴奏） 0′57″
53. 挠痒痒（伴奏） 0′33″
54. 两只小象（伴奏） 0′45″
55. 小猫叫咪咪咪（伴奏） 0′45″
56. 我爱我的小动物（伴奏） 1′02″
57. 小黑猪（伴奏） 1′07″
58. 藏起来（伴奏） 0′50″
59. 泡泡不见了（伴奏） 0′50″
60. 我是猫（伴奏） 1′19″
61. 五只小青蛙（伴奏） 2′31″
62. 小树叶（伴奏） 0′53″
63. 三只猴子（伴奏） 1′23″
64. 不再麻烦妈妈（伴奏） 1′19″
65. 鸡和蛋（伴奏） 0′50″
66. 小鱼的梦（伴奏） 1′17″
67. 理发师（伴奏） 0′45″
68. 我爱你（伴奏） 1′05″
69. 布娃娃（伴奏） 0′52″
70. 好吃的蔬菜色拉（伴奏） 2′17″
71. 影子（伴奏） 0′53″
72. 猪小弟变干净了（伴奏） 1′13″
73. 小小音乐家（伴奏） 1′02″

74. 我和我的小狗（伴奏） 0′52″
75. Bim Bam（伴奏） 0′56″
76. 小花猫找妈妈（伴奏） 1′35″
77. 戏说脸谱（伴奏） 1′06″
78. 都睡着了（伴奏） 1′05″
79. 吹泡泡（伴奏） 2′15″
80. 狮子抓痒（伴奏） 1′08″
81. 三个和尚（伴奏） 1′55″
82. 八只小狗抬花轿（伴奏） 1′32″
83. 猫和老鼠（伴奏） 1′07″
84. 小雨点跳舞（伴奏） 1′55″
85. 卖土豆（伴奏） 1′06″
86. 胆小鬼（伴奏） 0′36″
87. 新猴子学样（伴奏） 1′19″
88. 捏面人（伴奏） 1′33″
89. 小皮球（伴奏） 1′07″
90. 小小建筑师（伴奏） 1′15″